野田俊作
萩　昌子

アドラー心理学で クラスは よみがえる

叱る・ほめるに代わるスキルが身につく

創元社

はじめに――この本の使い方について

今から二十八年前に、アドラー心理学を学校教育に活用していただくために『クラスはよみがえる――学校教育に生かすアドラー心理学』（創元社）という本を書きました。お陰様で現在にいたるまで、多くの先生がたにご愛読いただいています。

最近になって、「この本を図解などを使って簡略化して、読み返しやすくしたものが欲しい」というご要望をたくさんもらうようになりました。

本著は、そんな教師の皆様のご要望にこたえるために作られることになりました。言わば、『クラスはよみがえる――学校教育に生かすアドラー心理学』のコンサイス版です。読みたい箇所がすぐに開けられるように、講義、実践、運営の三つのカテゴリーに分けて、知識と技術を身につけられるように構成しています。まずは、順番に全頁読み進め、あとは必要な時に必要な部分を読んでください。

講義では、アドラー心理学と健康なクラスについてまとめました。学校教育でアドラー心理学を生かすために、必ず押さえておきたい基本をマスターしてもらえるようになっています。

実践では、子どもたちが協力を学ぶために教師がすべきことと、勇気づけの具体的な方法を紹介しています。この実践の箇所が、一番見返すことが多くなるでしょうから、一つのテーマを見開きに収めて見やすくする工夫をしました。

運営では、クラス議会とオープン・カウンセリングについて解説しています。チャートや表を使用し、それぞれの会議のやり方をきちんと区別できるようにまとめてあります。

問題が山積みの教育制度のもと、あなたがた教師が善意で動いていることを、私たちはよく知っています。それにもかかわらず学校教育が成功していると言えないのは、あなたがたがよい方法を知らないからです。あなたがたがよい方法さえ身につければ、それだけで学校はずいぶん変わりますし、子どもたちは救済されます。

クラスの中に問題児がいるということは、とりもなおさずクラスの構造に問題があるということです。ですから、クラス全体が変わることなしに、問題児対策は立てられないのです。本著の中心テーマは、新しいかたちのクラスルーム・マネージメント、すなわち教室全体の運営法の全面的な改革です。

本著を通じて、あなたがたがアドラー心理学にもとづく教育スキルを身につけ、子どもたちを怒ってばかりの毎日から、成長を温かく見守れる毎日に変わることを願います。

野田俊作

CONTENTS

講義

2章

講義❷

健康なクラスを作る

3章

実践1

子どもたちが協力を学ぶヒント

実践

4章

実践2

子どもたちを勇気づけるヒント

5章

運営 1

クラスに民主的な秩序を作る

運営

6章

運営2

相互に援助しあう環境を作る

装幀・本文デザイン……上野かおる　中島佳那子
DTP……東　浩美
イラスト……ナカムラヒロユキ
編集・執筆協力……林　聡子

講義1

1章

アドラー心理学って？

子どもたちとの向きあい方を考える前に、まずはアドラー心理学がどのような考え方なのかを学んでください。そして、教師としての自分がどんなタイプなのか見つめてみましょう！

勇気づけのアドラー心理学

あなたは「学校教育で、アドラー心理学を生かそう」と、この本を読み始めてくださったかと思いますが、アドラーについてどのくらいごぞんじですか？

フロイトやユングの心理学は、日本でも盛んに研究され実践されています。しかし、どういうわけか一時は彼らの同僚であり、欧米では『心理学の三大巨頭』と呼ばれたうちのひとりのアドラーの心理学だけは、最近まで名前以外はほとんど知られないままの状態でした。

著者のひとり、精神科医の野田は、どんな縁からかアドラー心理学を正式に学んだ最初の日本人になりました。ここではアドラー心理学の生みの親、オーストリアのユダヤ人精神科医アルフレッド・アドラー（Alfred Adler 1870~1937）についてご紹介したいと思います。

『勇気と希望の使徒』と呼ばれるアドラーは、第一次世界大戦後のウィーンで、戦災孤児たちや非行少年たちの相談活動に従事しながら、彼独自の心理学の理論と方法を開発しました。今日アドラー心理学と言われるようになったその理論は、個人心理学とも呼ばれる人間主義的な基礎哲学と実践的な方法論を具備した画期的なシステムとして、世界中で広く学ばれ実践されています。

アドラーの死後、彼の思想と方法とは、『教師たちの教師』と呼ばれる彼の高弟ルドルフ・ドライカースによって継承発展されました。アドラーの時代には、どちらかと言うと精神科医や心理臨床の現場を中心に、限られた専門家の知識であるにとどまっていたアドラー心理学は、ドライカースによって学校や家庭で誰にでも応用できる簡潔で実践的な体系にまとめあげられました。

アドラーは、「すべての人間の問題、すべての不適切な行動の根本原因は、勇気を失っていることだ」というふうに考えました。

人間は未来に目標を設定しますが、一般的に心理学では、過去に原因があって現在の行動が決まるというふうに考えます。一方、アドラー心理学では、過去の原因が現在を決めるのではないとされています。頭の中に抱く未来の目標に向かって人間は進んでいくのであり、未来の目標が現在を決めるというふうに考えます。

同じ目標を達成するにも、様々なルートがあります。その中には、社会的に受け入れられるルートもあれば、反社会的なルートもあります。建設的で社会的な目標追求には、地味でこつこつとした努力と大きな勇気が必要です。勇気をくじかれた人間は、そのこつこつルートを通ることができなくなって、反社会的な弱虫用の破壊的な近道を通ろうとしてしまいます。しかしこの近道は、結果を得るための近道にはならないのです。

アドラーは、「人間共同体にとって価値ある生き方をしている場合にのみ、人は人生の諸課題を満足なかたちで解決できるし、自分自身満足感を得ることもできるのだ」と言っています。私たちが子どもたちを、なぜ勇気づけなければならないかというと、彼らが彼ら固有の目標に向かって、最も建設的なやり方で生きていってくれるように願うからです。

ですから、勇気を失っている子にたいしては、勇気づける必要があります。『勇気づけ』って、何だか変な言葉ですよね。それもそのはずで、英語から翻訳して作った言葉です。本来は「エンカレッジメント」という英語なのですが、ぴったりと合致する日本語がなく、仕方なく「勇気づけ」という言葉を使っています。

「勇気づける」というと、多くの人が励ますことだと思われるかもしれません。でも実は、「勇気づけ」というのは、ほめるというやり方に代わる育児の仕方ですし、叱咤激励する、励ますというやり方に代わる教育の仕方なのです。

子どもたちを勇気づけるために、ぜひアドラー心理学にもとづく教育法をお勧めしたいと思います。これは難しい方法ではありません。原理さえ呑み込めばまったく簡単ですし、しかも自然な人間関係が築けます。やってみれば、その効果を必ず実感していただけることでしょう。

アドラー心理学は学校教育にどういい？

学習についての心理学は、ここ数十年で飛躍的に進歩しました。それなのに、残念ながら学校教育にはその成果が取り入れられていません。技術的なことだけでなく、心のケアに対する工夫もありません。今の教育は、工夫が足りないのに、くじけた生徒を非難するのです。

では、学校教育でどのような工夫が必要なのでしょうか？　私たちがお勧めするのは、アドラー心理学の目的論を取り入れた教育です。

普通、不適切な行動（俗に言う問題行動）を見ると、その原因は何だろうか、なぜこの子はこんなことをするのだろうかと考えます。このような考え方を原因論といいますが、多くの心理学ではこの原因論に立って考えます。しかし原因論は、実際の教育の現場ではほとんど役に立たないと私たちは思います。

たとえば、不登校について考えてみましょう。不登校の原因は二種類のことが考えられます。一つは、学校でいじめられた、先生との相性が悪いといった社会的な原因です。いわば、その子の外側の原因です。この外側の原因がわかれば、不登校が救済できるかというとそうはいかないのが現状です。

学校でいじめられているとして、いじめている子に「この子が不登校になって困るから、いじめないで」とお願いしても、いじめている子は簡単には引き下がりません。あるいは相性の悪い先生に「先生どうかこの子に少し配慮をしてください」とお願いしても、「この子だけ特別扱いできません」と言われるだけで、先生を変えることはできません。このように外側の原因というものは、たとえそれが正しいにしても変えることは困難なので、その子どもを救済するのに役に立たないのです。

もう一つは、時間的な原因論です。その子が不登校に陥るような性格を持つにいたったのはどうしてかと考えるやり方です。この考え方だと、三歳までのスキンシップが足りなかったとか、胎教が足りなかったとか、どこまでも過去にさかのぼっていく議論になります。

しかし過去の原因をいくら探っても、実際的に何の意味もありません。かりに中学生の男の子が三歳までのスキンシップが足りなかったとして、お母さんがその子をことあるごとに抱きしめたりしても、問題解決にはいたりません。

したがってアドラー心理学では、物事の原因を考えても解決にいたらないので、物事の原因を考えるという方法を放棄します。アドラー心理学は、目的論に立つ心理学なのです。人間の行動には、すべて目的があると考えます。その目的は無意識的なものかもしれませんし、意識されているかもしれません。多くの場合には、無意識的なものです。そのような目的があって、それを探っていくことによって問題は解決できると考えるわけです。

不登校という行動で見るならば、その不登校の目的は一体何であるのか、このことを考えると必ず解決策が見つかります。理由は大きく二つあげられます。

一つ目は、目的は過去にではなく未来にあるからです。過去を変えることはできませんが、未来を変えることはできます。

二つ目は、目的は問題を起こしている子どもの外側ではなく、その子自身の中にあるからです。目的は、その子の頭の中にあるので、その子と会うことができるかぎり、他のものは一切変えないでも行動を変えることができます。不登校を起こしている子どものビジョンの中にはその子の未来があって、その未来に向かって行動しています。

目的を探ることで問題を解決

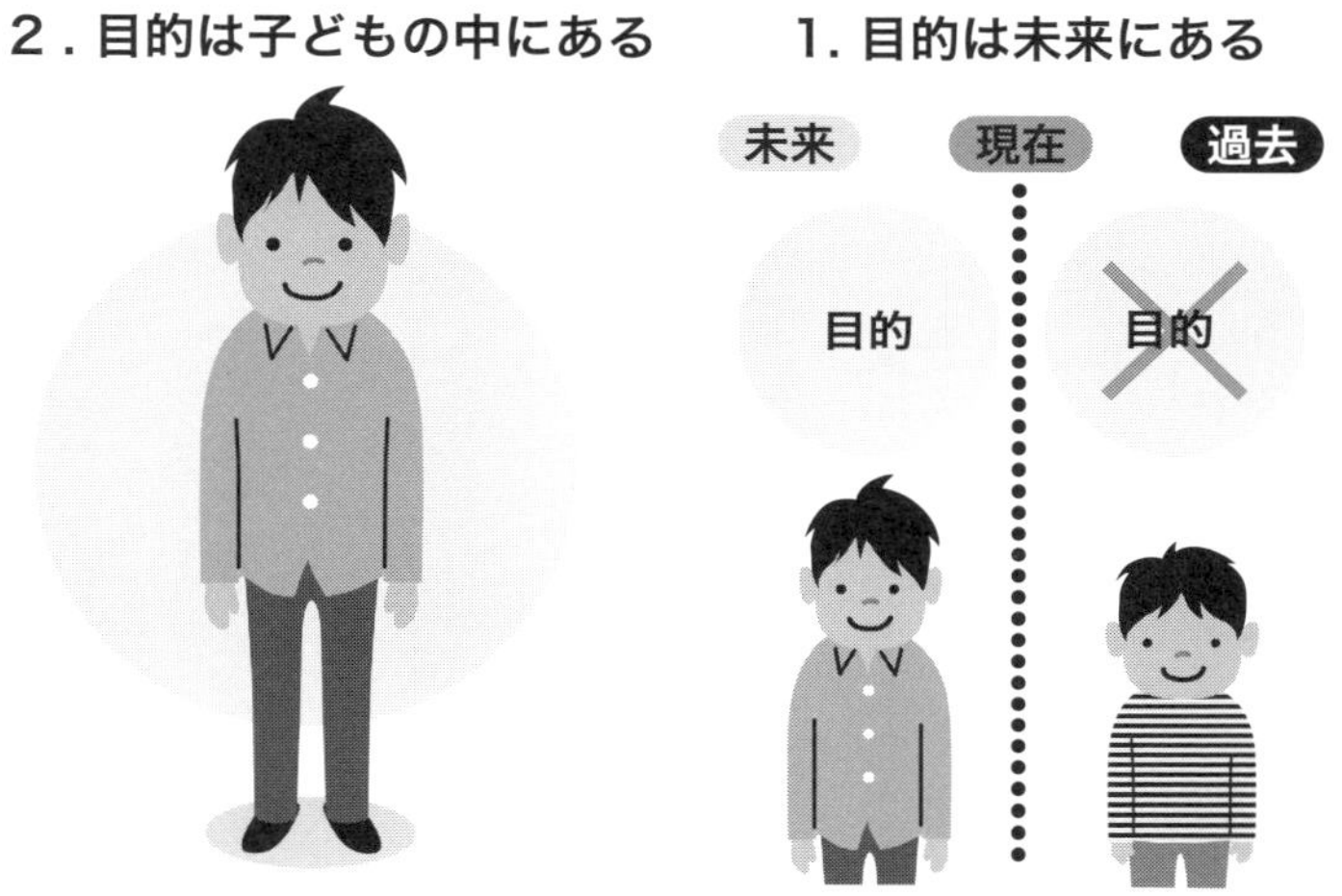

だから、その目的がもしも誤っているならば、変えてもらうことができます。あるいは正しいものであっても、その追求の仕方が誤っていれば、もっと適切な方法で実現するように働きかけられます。そうすれば、その子は行動を変えるのです。

このように目的論に立つと、教育の現場で、実践的で実用的な答えが得られるという利点があります。問題を確実に解決するためにアドラー心理学では、行動の原因を問うことをせず、たえず目的を問うのです。本著では、そのような立場に立って、不適切な行動とその直し方を考えていきたいと思います。

あなたはどんな教師ですか？

アドラー心理学にもとづく新しいクラスルーム・マネージメントを始める前に、しなければならないことがあります。それは、自分がどんなタイプの教師かを客観視することです。

「問題があるのはクラスで、自分は関係ないのになぁ……」と思われたかたもあるかもしれません。でもクラスに問題がある場合、クラスの中での人間関係が一番の病根です。人間関係に問題があるとなると教師も例外ではなく、しかもクラスに病理的な構造を持ち込むのは、教師であることが多いのです。

クラスの人間関係の構造は、大別すると『縦の関係』と『横の関係』の二つがあります。縦の関係は、教師と生徒、もしくは生徒と他の生徒との間に、何らかの競合関係がある構造です。横の関係は、教師と生徒の間も生徒と他の生徒との間も、対等で平等で協力的な構造です。

教師が子どもよりも上に立って君臨していると、クラスは競合的な縦の関係で運営されることになってしまいます。そして縦の関係がクラスの中にあるかぎり、子どもたちは必ず問題化します。これを避けるために教師が目指すのは、クラスに協力的な横の関係を作ることです。

もちろん子どもたちは、家庭や前のクラスで縦の関係を身につけてからあなたのクラスに入ってきます。でも、あなたが彼らと横の関係を作るならば、比較的短期間に子どもたちは横の関係のよさを発見し、縦の関係を放棄します。クラスの構造は、教師と生徒の合作ですが、それを定義する力は教師のほうがはるかに大きいのです。

もう、気がつきましたね。クラスを作る上で最大の力を持っているのは、あなたが教師なのです。もしもあなたのクラスに問題が起こっているとしたら、それはあなたのクラスルーム・マネージメントに問題があるからかもしれません。あるいは、あなた自身の教師としてのあり方に問題があるということも考えられます。

では、一体どうすればよいのでしょうか？

健康なクラスを作る新しいクラスルーム・マネージメントへの脱皮を考えるためには、まずはあなたが自分自身を見つめ直し、自分がどんな教師であるかを自己診断することです。

教師のタイプは、次の三つに分けられます。強権的でクラスの支配者になってしまう『ファシスト』と、無責任で何でも容認する『アナーキスト』、民主的な『コーディネーター』です。

次頁にそれぞれのタイプを説明しますので、自分はどのタイプに近いかを考えてみてください。

新任のころは「子どもの意見をよく聞き、民主的な先生であろう！」と張り切っていたかたも、いざ現場に出てみると子どもたちの予想をはるかに超える要求や意見にお手上げ状態で、気がつけばファシストやアナーキストに近くなってしまっていたというのが現状でしょう。

でも、安心してください。教育には愛だけでなく技術も必要ですが、このような場合は誤った技術を使っていただけです。本著を通じて、子どもたちと横の関係を築き、問題を提起してクラス・ディスカッションを司会し、子どもたちが経験を通じて自ら答えを見つけ出すように援助する、民主的な「コーディネーター」になる技術を身につけていけばよいのです。

教師の3タイプ

▽ 下の3タイプの中から、自分に一番近いものを選んでください。

タイプ	教師の特徴	子どもの特徴
ファシスト	子どもに命令して従えば機嫌がよく、従わなければ感情的になり罰を与えます。子どもの自由を制限し、教師の考えに縛りつけ、全行動を管理し支配しようとする傾向があります。 クラスは一見まとまっているように見え、教師としての能力に自信を持ちます。しかし、やがて子どもたちの反抗にあい、自分の力で支配できなくなります。	恐怖心から規律を守り、学習します。しかし秩序を守って暮らすことの喜びも、学習することの喜びも見失います。権力を手に入れて弱いものを支配しよう、強いものの前ではいい子でいて陰では何をしてもよい、と考えるようになります。 また人生の課題にどう取り組むべきか、人とどうつきあうべきかを学ぶ機会を失います。
アナーキスト	「愛情を持って見つめれば、子どもはちゃんと育つ」という大義名分のもと、子どものすることを何でも容認します。自分で責任をとりたくないという思いが強く、無気力です。 子どもがどう育つかは二の次になってしまい、自分がいかに安楽に教師生活を送れるかに関心があります。このような教師のクラスでは、関係と呼べるようなものが存在しません。	「何をしてもよいのだ」と考えるようになり、自分の行動に責任をとることを学びません。何でも許されるので、ある子は権力を手に入れボスになり、ある子は幼児がえりしたりと問題が出ます。成長は望めず、かえって退行してしまう恐れもあります。 教師と生徒、生徒と生徒は、物理的に一緒にいるだけで、精神的には疎遠でバラバラです。
コーディネーター	「自分と生徒とが、人間としてまったく対等である」という考えを受け入れることができます。教師としての責任をきちんと果たし、生徒とたえず協力して問題解決に取り組むことができます。 横の関係を築け、真の民主主義でクラスを導いています。それによりクラスを、イキイキとした組織に作り上げることができます。	民主主義の大切さや、民主主義社会でどのように生きていけばよいかを学べます。生徒としての責任を果たし、教師とはもちろん生徒同士も協力しあいます。 問題があるとディスカッションし、必要があれば自分たちでルールを作り、自覚を持って守るように努めます。これにより子どもたちは、日々成長していきます。

教師が持ちやすい5つの癖

教師のタイプについてご紹介しましたが、よいクラスを作るためには、もう少しご自身のことを見つめ直していただかなければなりません。それは、教師の抱きやすい誤った信念についてです。

様々な教師と接して感じることは、多くの教師がよかれと思ってではありますが、偏った信念のもとに子どもたちを指導しているということです。どれも大切なことではありますが、ゆき過ぎると弊害が出るので問題があるのです。

その代表的なものが次の五つです。私たちは『教師が持ちやすい５つの癖』と呼んでいます。

①完ぺき癖：小さな失敗を恐れ、大きな破滅に向かっています。

②反省癖　：厳しく反省すれば、明るい明日があると信じています。

③計画癖：きちんと計画し、必ず実行しなければ気がすみません。
④努力癖：目標を達成するまで、全力集中してしまいます。
⑤習慣化癖：正しい習慣と正しい暮らしを自らと子どもたちに強います。

あなたは「教師が持ちやすい5つの癖」で、思い当たるふしがありましたか？　もしあれば、その癖は直さなければなりません。

バッハの合唱曲の指揮者として有名だったクルト・トーマスという人が、著書の中で「はじめから悪い合唱団というものがあるわけではない。ただ悪い指揮者というものがあるだけだ」と書いています。学校においても、まったく同じことが言えます。はじめから悪いクラスや悪い子どもがあるわけではなく、悪い方向に導いてしまっている教師がいるのです。

次頁と次々頁に「教師が持ちやすい5つの癖」の問題点と対策を表にしてわかりやすくまとめました。

改善すべき点は改めて、クラスがよい曲を奏でられるような名指揮者を目指してください。

計画癖	努力癖	習慣化癖
計画がただの空想だと気づかずに、スケジュールをこなしているだけなので、人生が機械的な無味乾燥なものになっています。 計画どおり生活するため、先に起こることがわかり、人生に何の感動もありません。	自身が学ぶことの楽しみを見失っているので、「勉強は苦しいものだ」と考え、努力して克服しなければならないと思っています。 子どもたちに努力を強いて、「がんばれ」とあおり、子どもの意欲をくじいている恐れもあります。	「子どもによい習慣を」という思いから、親愛の情を表すあいさつや、楽しいからする学習を習慣化させようとしています。 やり方さえわかると、必要を感じれば実行できるものを、習慣化するという間違いをおかしています。
教師にパック・ツアーの人生を与えられている恐れがあります。 「計画を立てろ」と言われ、それに従うよい子は、ひどい臆病者かもしれません。一方、問題児の中には、本当の勇気を持った子がいるかもしれません。	はじめは知的好奇心いっぱいだった子も、「勉強は苦しいもの」と考える教師のもとで、学ぶことが好きになるわけがありません。 「がんばれ」と言われることを負担に感じるようになり、かえって意欲を失っています。	教師にとっては問題行動も、実は子どもにすれば当然の行動です。 「あいさつを習慣に」と言っても、必要を感じなければ、あいさつをしません。勉強しないのは、習慣化していないからではなく、勉強が楽しくないからです。
「計画を立てさせなかったら、彼らは何もしなくなる」と考えるのをやめ、まずは子どもを信頼することから始めましょう。 「次の瞬間、何が起こるかわからないから生きるに値する」と考え方を変えてみましょう。	まず、自身が学ぶことの楽しさを知りましょう。何かに夢中になると、学ぶことを努力と感じなくなります。 学習にはエネルギーが必要ですが、「楽しいことに熱中する喜び」としてのエネルギーだと子どもたちに伝えていきましょう。	水泳など練習して身につけ習慣化すべき行動と、やり方がわかればできる行動を区別して考えます。後者は、習慣化の必要はありません。 現在しないのは習慣の問題ではなく、別の問題を探るべきです。

教師が持ちやすい5つの癖

▽ 思い当たる癖の部分を読んでください。複数が該当する場合は、該当部分をすべて読みましょう。

	完ぺき癖	反省癖
教師の特徴 	完ぺきであろうとし、自分の能力を無駄遣いしています。自発性や創造性は台無しになり、失敗する勇気がないのが一番の問題です。 失敗を恐れて挑戦しなくなり、成功することが確実なことだけにしか手をつけません。	不適切な行動をすると、厳しく反省しますが、また同じことをして自己嫌悪に陥ります。 反省することで、やるべき仕事が終わったように誤解しています。そして「今、何をすればいいか」から目をそらしてしまいます。
子どもの問題 	教師が、子どもたちに失敗を許さず、失敗したら罰するので、「成功した時だけクラスの一員でいられる」と感じるようになります。 また「完ぺきにできないなら、手をつけないでおこう」と考えるようになってしまいます。	子どもが不適切な行動をすると、教師は「反省しろ」とせまりますが、子どもはまた同じ過ちを繰り返します。 大人にも同じことが言えますが、反省が不適切な行動パターンから脱却するための助けになっていないのです。
対策 	あなた自身がまず、自分が「不完全であること」を受け入れる勇気を持つことです。 そして、子どもたちから人間にとって一番大切な「失敗する勇気」を奪わないためにも、完ぺきを要求しないように心掛けてください。	不適切な行動パターンから脱却するには、反省するよりも、今までやっていた行動の代わりにどうすればよいかを考えることです。 過去のことを反省するよりも、現在必要としていることにエネルギーを使えばよいのです。

column

幸福の3つの条件

1 自分のことが好きであること
2 他者を信頼していること
3 社会の役に立てる人間だと感じていること

子どもたちが幸せだと感じるために、何が必要だと思いますか？　アドラー心理学では、精神的に健康な人間について、はっきりしたイメージを持っています。それが、上の『幸福の３つの条件』です。

このような感情は、日々の暮らしの体験の中から育っていきます。あなたのクラスの子どもたちはどうですか？　子どもたちが精神的に健康な人間に育ってくれるように、学校生活が健康的になるよう援助をしてください。

講義2

2章

健康なクラスを作る

健康なクラスを作るためには、問題児個人に対応するより先に、まずクラス全体の構造を変えなければなりません。なぜそうすべきなのでしょうか？その考え方をご紹介します。

学校は何をするところ？

クラス運営をよくしたいと思いこの本を読んでくださっているあなたは、学校はそもそも何のために存在するかを考えたことはありますか？　実はそれこそ、健康なクラスを作る鍵になります。

教育基本法には、「我々日本国民は、たゆまぬ努力によって築いてきた民主的で文化的な国家を更に発展させるとともに、世界の平和と人類の福祉の向上に貢献することを願うものである」と書いてあります。これは、とてもすてきな文章です。

もうずいぶん前になりますが、私たちは外国へ学会出張して、ある国の心理学者と意気投合して友人になりました。彼は自由と民主主義のない国から来ていて、幸せとは言えない環境にありました。

彼は、

「あなたがたは自分たちがどれだけ恵まれているか、おそらくわかっていないだろう。民主主義がない国に暮らさなければならない人間にとって、あなたがたの暮らしはまるで夢のようだ。想像もできないだろうけど、私の故国では人間が人間として扱われていないのだ。民主主義を大切になさい。それは一度失ってしまうと、とり返すのはとても難しいものだから」

と、とても強い口調で言いました。

私たちは民主主義の国に生まれて本当によかったと思いますし、この国の民主主義をもっと確かなものに育ててゆかねばならないと思っています。あなたはそう思いませんか?

その大切な民主主義を支える根幹が、教育なのです。

民主主義は、国民にその大切さを理解し、その運用に参加するだけの教養がなければ、維持できません。民主主義国家の国民は、何が行われているのかに関心を持ち、自分は何をしなければならないのかを理解していなければならないのです。そうでなければ、民主主義は崩壊するのです。

ですから教育は、民主主義を維持するために必要な自覚と教養を、体験を通じて子どもたちに学んでもらう場でなければなりません。

学校で子どもたちが、「民主主義は、すてきだ。私たちは民主主義のこの国に生まれてよかった。これからもこの国が自由で民主的であるように、自分たちにできることをしよう」と決心して暮らしたとしたら、教育の最大の目的は達成できたことになります。

ところが現在の学校は、思春期の子どもたちを主に治療している精神科医と教育相談を専門にしている心理臨床家から見ると、どうもあまり民主的に運営されているとは言えないように思えてなりません。ですから子どもたちも、この国に生まれたことを喜んでいるようにも見えないし、民主主義を守ろうと決心していないようにも思われます。これはとても困ったことです。

では、子どもたちがそのように感じてくれるためには、学校はどのような場であればいいのでしょうか？

答えはとても簡単です。学校が完全な民主主義にもとづく場であれば、ただそれだけでいいのです。

ともあれ、学校が生きた民主主義の場でないならば、学校で子どもたちがひとりの人として大切に扱われないならば、子どもたちは民主主義の必要性も、民主主義社会

で生きる方法も学ぶことはできないのです。

そうなっては、この国の民主主義の将来は怪しくなってしまいます。

もし現在、あなたの学校のあり方と子どもたちへの指導方法に問題があるのなら、この国が先にお話しした友人の心理学者の故国のようになってしまわないためにも、改善すべき点は改善していく必要があるのです。

そうすれば、あなたのクラスが健康になるというだけでなく、この国の民主主義が守られ、子どもたちはこの先ずっと幸せに暮らしていくことができるのです。

学校教育が子どもに供給するサービス

ちょっと変わった考え方だと感じられるかもしれませんが、学校を一つの企業だと考えてみてください。企業というものは、存続のために顧客の需要に応じたサービスを提供しなければなりません。では、学校の顧客とは誰でしょうか？

三種類の顧客が、学校からサービスを受けたがっていることが考えられます。一つ目が国家なり社会という顧客、二つ目が親という顧客、そして三つ目が子どもという顧客です。

こう考えると、民主主義を維持するというのは、一つ目の国家や社会という顧客からの需要だと思われます。

二つ目の世間の親が学校に何を期待しているかは、実は私たちはよくわかりません。「子どもに勉強させること」という答えが返ってきそうな気がするのですが、それは本来は子どもの需要であって親の需要ではありません。

親からの需要はいろいろ考えられますが、学校の第一の効用は、子どもたちをあずかってくれることではないでしょうか？　学校が子どもたちを昼間にあずかってくれるおかげで、私たちも含め親は本当に助かっています。ですから子どもたちが機嫌よく学校に行ってくれるように、親としてはかなり配慮しています。

けれども学校が、子どもたちを罰して自尊心を傷つけたり、理不尽な校則を守ることを強要したりと、子どもたちが嫌がることをするので、彼らを学校に行かせるのにひと苦労することがあります。学校のほうは子どもの気持ちについて、残念ながらあまり考えていないのではないかと思われることがときどきあります。

さて、最も大切な三つ目の子どもたちからの学校に対する需要は何でしょうか？　それはひとことで言えば、将来、社会人として自立できるように準備を整える手伝いをしてくれることです。

私たちは、子どもたちが社会人として自立するために身につけなければならないことは、次の四つに集約できると考えます。

①尊敬

②責任
③社会性
④生活力

これこそが学校教育が子どもたちに供給しなければならないサービス、すなわち学校教育の根本的な目標なのです。すべて「サ行」で始まっているので、これを『教育の4S』と呼んでいます。詳しくは、次頁にまとめました。とても大切なことなので、正しく理解してください。

今の学校は、どうも国家・社会の需要も、親の需要も、そして子どもたちの需要もうまく満たしていないように思えてなりません。需要を無視したサービスばかり提供していたのでは、民間企業ならたちまち倒産してしまいます。

もし学校にも倒産があるとしたら、「顧客にたいしてきちんとしたサービスを提供しよう」という意識のない学校は、民間企業と同じ運命をたどることでしょう。でも逆に考えれば、この顧客という考え方を教師が持てば、教育サービスは必ず向上するのです。

教育の4S

▽ 学校教育の根本的な目標である『教育の4S』。これは、子どもたちの自立に欠かせないものです。

①尊敬

尊敬とは、他者を敬うことです。相手がどんな人であろうと、何をしていようとかかわりなく、人間として尊敬することです。「あなたが○○している時だけ尊敬します」というのは、本当の尊敬ではありません。一切の条件をつけないことです。

このような意味での尊敬を教えるには、あなたが子どもたちをそのように尊敬してください。問題児もお気に入りの子も、同じように尊敬するといいのです。

②責任

責任とは、自分の人生の課題を自分の力で解決するということで、社会人として自立するために重要な条件です。多くの子どもは、「大人が私の人生の課題を解決してくれる」と考えています。これは自分で解決すべき課題を、代わりに解決してしまう大人がまわりにいるからです。

子どもが、自分の責任で物事を成し遂げ、問題が発生すれば自分で後始末をできるように、先回りして手を貸さないことが大切です。

③社会性

社会性とは、アドラー心理学では「共同体感覚」というのですが、他者と協力して生きる姿勢です。「あなたの助けが必要だ」と言われた時に逃げ腰にならないで、「はい、私はここにいます。私にできることはします」と答えることです。

今の学校はひどい競争原理の上に成り立っているので、子どもの社会性の発達を邪魔しています。競争して勝ち負けを争うのではなく、仲間として助けあう姿勢を伸ばしましょう。

④生活力

生活力とは、生きてゆくための知識や技能を身につけることです。世間でいう社会性の中の技術的な部分が生活力に分類されます。人間関係などの他に、読み書き算数など様々な知識が含まれています。しかし、方程式が解けるかどうかよりも、相手を傷つけないで自分の要求を主張する技術を、私たちは重要だと考えています。

教育現場での工夫で、子どもたちの生活力向上につながる教え方を実現させてください。

クラスはどのようにして病気にかかる？

私たちのように、児童期や思春期の子どもたちの問題を専門にしている精神科医や心理臨床家は、よく学校の先生がたからの相談にあずかります。その時に、先生がたが開口一番におっしゃるのが、

「この子は家庭に問題がありまして……」

という言葉です。学校での話をしているのだから、家庭のことは関係ないはずなのにおかしな話です。

親が、「先生の教え方に問題があるから、うちの子は家で弟をいじめる」と言ってきたら、どう感じますか？　それと同じで「お宅のお子さんが学校で落ち着きがないのは、家庭のしつけに問題があるからです」と言われても、親はただ当惑するだけでしょう。

子どもが家で問題を起こすなら家庭に問題があるだろうし、学校で問題を起こすな

ら学校に問題があると考えるのが合理的です。

たとえ家庭に問題があっても、その子が学校で問題を起こすことと直接のかかわりはないと考えられます。クラスが荒れるのを家庭に問題がある子のせいにするのではなく、親が子どもに充分に援助できないのだから、教師が学校でその子に何をしてあげられるかを考えるべきなのです。

実は、あなたがた教師が見ている子どもたちは、家庭にいる時とは違う子どもたちです。人間は、いくつかの顔を持っています。人はたった一つの顔、一つの行動パターンで生活するほど単純な生物ではありません。そう、人間は全員、多重人格なのです。子どもたちは、あなたの前ではあなた用の顔をしています。あなたの前にいる問題児は、あなたの前にいる問題児なのです。

私たちは、性格とは、状況に合わせて用意されている行動パターンのセットだと考えています。「親が機嫌がいい時には甘えよう」「先生が強圧的に出た時には反抗しよう」といった決心の全体が性格だということです。

学校で問題を起こす子どもたちは、性格の根底から問題化しているわけではありません。彼らの性格の一つの側面に、「学校では問題行動という行動パターンを愛用しよう」と書いてあるだけのことです。あなたがいない時には、その子は問題児の顔をしていないかもしれません。あなたに向かってと、他のいくつかの状況でだけ問題児仮面をつける、パートタイムの問題児がいるだけなのです。

学校で問題行動をする子どもは、「学校では問題児でいよう」と決心しています。とすると、あなたがその子にお願いするのは「君が問題児の側面を持っているのはかまわないけれど、その面を使わないでもらえないだろうか」ということです。問題行動のパターンは一度持ってしまうと捨てられませんが、使わないことはできます。

ところが、そうお願いしたとしても、「それは難しいね。昔、問題行動を使わないでいたら、学校はぼくにひどいしうちをしたんだ。もしやめたら、学校はまたひどいしうちをしてくるもの」と言うでしょう。

私たちは、たいへん残念なことに、その子の言うとおりだと認めなければなりません。その子がはじめから問題児だったわけではなく、学校の側に、その子を問題行動を使わざるを得ないところまで追い込む要因があったのです。問題児が問題児でいなくてもいいように、学校とあなたがた教師が変わらないかぎり、問題児は問題児でいるしかないのです。

あなたが物分かりのよい教師なら、「あの子とのつきあい方を変えましょう」とおっしゃるかもしれません。でも、それではだめなのです。問題児とのつきあい方をどのように工夫しても、おそらく何も変わらないでしょう。問題は、その子との一対一のつきあい方ではなく、あなたとあなたのクラス全体とのつきあい方にあるのです。

クラスに問題児がいるということは、クラス全体の構造に問題があるということです。問題児が出るのは、クラスが病気にかかった時の一つの症状です。病気と同じように、『競争原理』という病原体が教師にとりついて、『縦の関係』という毒素をクラス全体にばらまいてバランスをおかしくし、その結果、問題児という症状があらわれるのです。

クラスが病気にかかっているかぎり、問題児は次々とあらわれます。問題児がいなくなるようにするには、クラス全体がかかっている病気を治療しなければなりません。そのためには、あなたという病巣から競争原理という病原菌を追い出さなければならないのです。

要するに、あなたのクラスルーム・マネージメント全体を再検討しなければ、問題児を作りだすクラスの病気は解決できないのです。

クラスの病気はこうして悪化する

人間の最も根元的な欲求は、『所属欲求』だと私たちは考えています。人間にとって、集団に所属する欲求は、生存欲求よりも強いのです。ですから、人間行動の究極目標は、「集団の中に自分の居場所を確保すること」だと言えます。

子どもだって同じことで、あなたのクラスのすべての子どもは、「クラスの中に自分の居場所を確保すること」を目標にして行動しています。この大原則は、クラスの構造とは関係なく、競争原理にもとづいていようが、協力原理にもとづいていようが、同じように子どもの行動の究極目標であることに変わりはありません。

しかしクラスが競争原理にもとづいて運営されていると、子どもたちがクラスに所属することは簡単ではありません。なぜなら競争原理とは、「○○の条件を満たした時だけ、君をクラスの完全な一員だと認めよう。そうでなければ、君はこのクラスの完全な市民権は得られないよ」というシステムのことですから。この条件としては、学業成績や規則を守ることなどが考えられます。

競争原理が支配するクラスでは、所属という究極目標を達成するために、子どもたちは特殊な作戦に頼らなければならなくなります。そのような場で子どもたちが展開する作戦には、次の五つがあることが知られています。

①賞賛を求める
②注目を引く
③権力闘争をしかける
④復讐する
⑤無能力を誇示する

子どもの問題は次頁で詳しく説明しますが、結局はこれらの五つのいずれかが展開されていて、この順番に進化し悪化することが観察されています。

ただしこれは、子どもの問題性ではなく、クラスの問題性が深まってゆくためなのです。

子どもの5つの作戦

1つのクラスには、様々な子どもがいて、5つの作戦のうちのどれかを選択して展開しています。

クラスが作戦1と2をとる子どもだけで構成されているのが、競争原理にもとづくクラスの出発点です。作戦3をとる子どもが出現すると、クラスの病気はかなり進んでいます。作戦5をとる子どもがあらわれるのは、あきらかな末期症状です。

ここでは、子どもの問題行動と、5つの作戦の関係を説明します。

作戦①　賞賛を求める：いい子でいてほめられよう

教師からほめられることで、「先生のお気に入り」という地位を獲得して、クラスの中での自分の立場を確保しようとします。そのため、一生懸命勉強したり、やさしい心づかいをしたりと、教師の期待どおりの行動をします。

一見問題がないように思えるこれらの行動は、目的が学習することや他人と協力することではなく、実は教師やクラスメートから特別の注目を得られる立場に自分を持ち上げることにあるところに問題があります。

その子たちは、人から承認してもらわなければ自信が持てないでいる、いつも人の評価を気にして生きる臆病な人間になってしまいます。

作戦②　注目を引く：何としても目立とう

作戦1をやめた子が次にとるのが、「どんなことをしても教師やクラスメートの注目を引こう」とする作戦2です。中には、最初からいきなり作戦2から始める子もいます。

積極的な子は、知ったかぶりをして自分のことを鼻にかけたり、ふざけて授業妨害したりと、たちの悪いいたずらをします。消極的な子は、自分で何ひとつうまくできないふりをして、周囲が奉仕してくれるようにしむけます。

クラスに作戦2をする子どもがいると、教師は「あの子は悪い子ではない、何とか援助しなければ」とか、「うるさくて煩わしくてかなわない」とも感じるかもしれません。でも、その子にたいして本気で腹が立つことはありません。

作戦③　権力闘争：勝とう、少なくとも負けないでいよう

作戦2の段階で、教師がその子を無視したり、罰したりすると、その子は作戦3「誰よりも自分が強いことを証明して、クラスメートの尊敬を集めよう」で、権力を手に入れようとして様々なことをしかけてきます。

積極的な子は、言い争いをしたり、嘘をついたり、反抗というかたちで自分の強さを誇示しようとします。消極的な子は、勉学意欲を失い、生活全般で見るからにだらだらして、徹底して不従順になります。

このような子に直面すると、多くの教師は腹を立てます。強圧的に行動を変えようとしたり、罰を与えたりしますが、個別アプローチをしていたのでは必ず失敗します。

作戦④　復讐：相手にできるだけダメージを与えよう

教師がタフで作戦3が無理だと感じると、作戦4「勝てないなら、せめて復讐してやる」が始まります。復讐に入った子は汚い手を平気で使い、教師とクラスメートから「悪者」だと見られます。クラスへの所属をあきらめた子どもは、非行グループなど他集団に所属してしまうこともあります。

積極的な子は、いつもきつい表情をし、教師が期待するあらゆることを攻撃的に拒否します。消極的な子は、無表情な自閉的な固い表情で、陰気そうに暮らします。

このような子を相手にすると、教師はとても嫌なあと味を味わわされ深く傷つきます。その子を援助するには、あなた以外の人の協力が必要になります。

作戦⑤　無能力の誇示：見捨ててもらおう

クラスに自分の居場所を見つけるためにあらゆる努力をし、結局すべて失敗したとなると、絶望してしまいます。そのような子は、深い自己嫌悪に陥り、自尊心はほんの少ししか残らず、一切の積極的行動をやめてしまいます。

その少し残った自尊心を守るために、自分が無能であることを証明されないように予防線を張ります。そして、知的に問題があるように見えるほど能力がないように見せかけて、問題解決から完全に逃げ出してしまうのです。

こういう子は、最も絶望的な作戦5「無能力を誇示して見捨ててもらおう」を採用し、玉砕しようとしています。こうなると、援助するのは専門家にとっても困難になります。

競争原理から協力原理のクラス作り

私たちは、問題児が発生するのは、システムに問題があるからだと考えています。この場合、システムというのは、主にクラスの人間関係の構造全体の体制のことです。あなたのクラスのシステムであれば、無理解な親や硬直した行政や学校とも関係なく、あなたひとりの決断だけで改善できます。

そしてシステムに問題があるということは、教師や子どもといった個人に問題があるのではないということです。でもシステムの中で暮らす個人の行動は、個人の意思を超えたシステムに支配される部分があります。ですから、システムを改善しなければならないのです。

その具体的な方法は、クラスルーム・マネージメントの変革です。私たちは従来の競争原理に代わる、アドラー心理学にもとづく協力原理のクラスルーム・マネージメントの方法を提案します。

クラスのシステムを変革すれば、問題児の発生を予防するだけでなく、すでに問題化している子どもも改善します。それは、その子たちが、競争原理にもとづくクラスのシステムによって、心ならずも不適切な行動をさせられていたにすぎないからです。さらに素行面だけでなく、勉学に対する子どもの意欲も大幅に改善されることが観察されています。

では、競争原理は、一体何が悪いのでしょうか?

子どもは、人間関係の中で成長します。最終的に一生の性格がほぼ決まるのは、小学生時代から中学生時代にかけてです。健康なパーソナリティーが形成できるかどうかは、友達関係の中で子どもたちが体験することと深くかかわっているのです。

そんな大切な時期に子どもたちを激しく競争させると、ついには「クラスメートは全員敵だ」ということになって、クラスはバラバラに解体してしまいます。そうなると、子どもたちの人格発達に致命的な影響を及ぼす可能性があります。

学習面においても、競争していい目をみることができるのは、「自分は上位だ」と感じている能力のあるごくわずかの子どもたちだけです。多くの子どもたちは「自分はどちらかというと下位グループだ」と感じていて、彼らにとっては、競争原理にもとづく教育は、学習意欲を最もなくさせるやり方です。なぜならその子たちにとっては、負け戦につぐ負け戦なのですから。

そうなると、上位グループは、「自分はエリートだ」と、下位グループにたいして優越感を抱き見下し始めるでしょう。一方で、下位グループは、劣等感を感じるようになり、上位の子どもたちを妬んだり恨んだり、腹を立てたりすることになります。こうしてクラスは、まっぷたつに分裂してしまいます。

クラスが分裂すると、教師もまたクラスという組織の一つの細胞ですから、どちらかに属することになります。教師のまわりに残るのは、たぶん上位グループのほうです。問題児があらわれるとすると、それは必ず教師の手の届かない下位グループからです。

競争心を刺激しているかぎり、子どもたちは勝ち負けにこだわってエネルギーを費やしてしまいます。課題に取り組むために用いるエネルギーを、他者との比較という無用のことに消費しているのです。

優秀な子は、成績はいいかもしれないけれど、実態は勝つために勝てる時にだけ努力する子になり、成績のふるわない子は、勝てないから決して土俵にあがらない子に

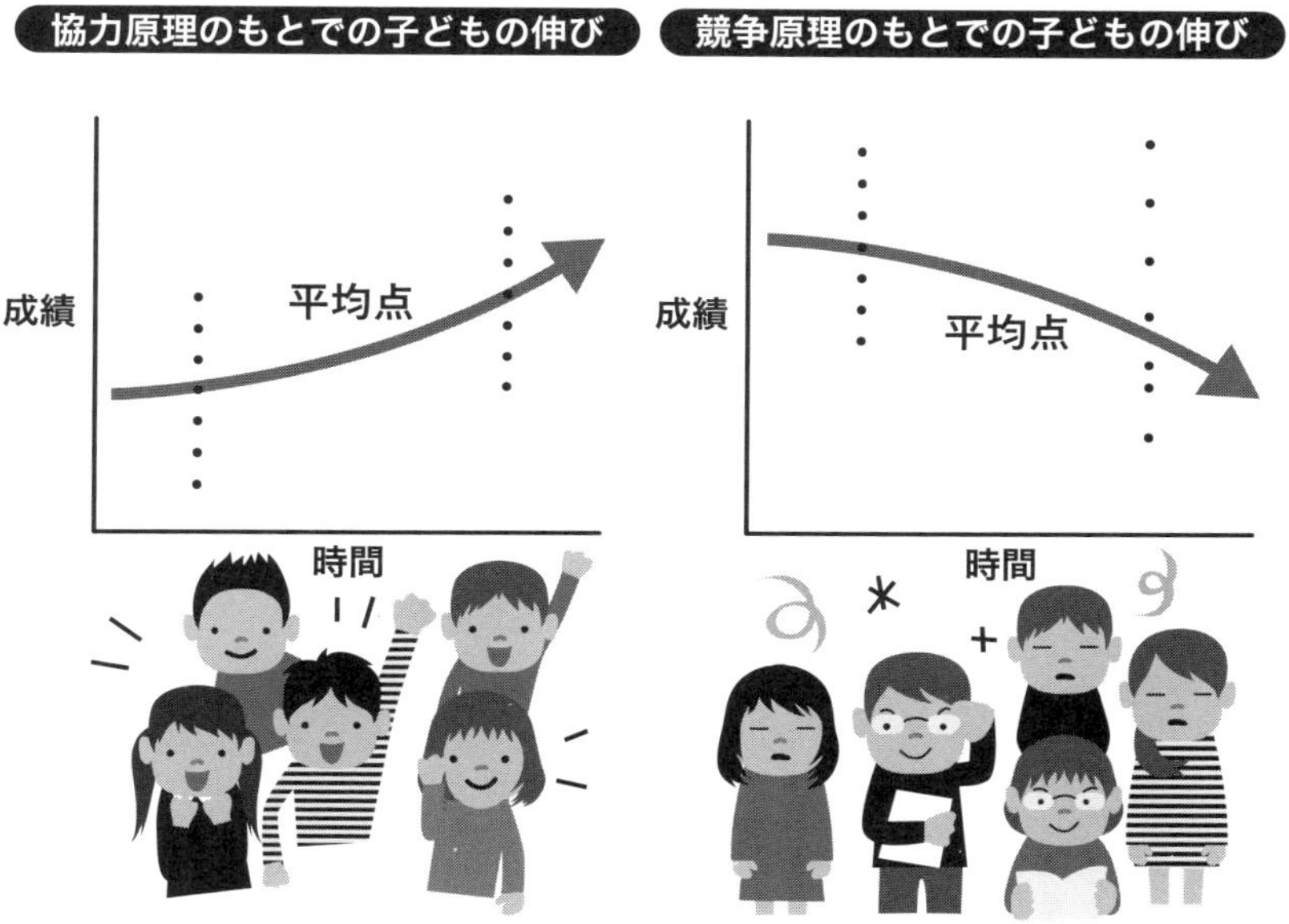

なって、ますます立ち遅れてゆきます。平均点で考えると、多数派が落ちこぼれるのですから、どんどん低下していきます。

クラスの中に少数のひよわなエリートと多数の意欲を失った落ちこぼれと何人かの問題児がいる状態と、エリートも落ちこぼれもそれほどおらず、おしなべて全員が課題に取り組む意欲を持っている状態と、あなたはどちらがお好きですか？

あなたが競争原理をとるかぎりは前者、協力原理でクラスルーム・マネージメントをすれば後者です。

決めるのは、あなたです。

column

よい人間関係の4つの条件

1 相互尊敬
2 相互信頼
3 協力
4 目標の一致

われわれの悩みや問題は、人間関係の悩みだと言っても過言ではありません。実際にアルフレッド・アドラーは、「人間の問題とは、すべて対人関係の問題である」と語っています。よい人間関係を持つということは、幸福な生活の絶対的な条件なのです。

子どもは、人間関係の中で成長します。学齢期の子どもたちにとって、友だちは何物にもかえがたい財産であり、最高の教師であり、最大の体験なのです。

友だちとの関係の中で、子どもたちは、相互に尊敬しあうこと、信頼しあうこと、進んで協力して助けあうことの喜び、他者から頼りにされることの満足感、他者の役に立てることの充実感、集団に所属することの安心感など、健康な人間として成長するために必須の精神的栄養素を摂取するのです。

実践 1

3章

子どもたちが協力を学ぶヒント

競争原理から協力原理にもとづくクラス作りをするには、子どもたちの協力が不可欠です。子どもが協力を学ぶために教師はどうすればよいのか、すぐに役立つ具体的な方法をご紹介します。

なぜ協力原理がいいのでしょう？

これまでに競争原理にもとづくクラスルーム・マネージメントの問題点を述べてきましたが、ここでは協力原理のよさを競争原理との違いに焦点を当てて紹介していきたいと思います。

子どもたちが学ばなければならない最も大切なことは、「人は協力しなければ生きてゆけない」という事実です。現代社会は競争社会だから、勝ち負けにこだわらなければ生き残れないと思われるかもしれませんが、協力原理で生きる人のほうが、急速に変化してゆく現代社会にうまく対処できるのです。

理由は、大きく三つあげられます。

第一の理由は、自分と他者とを比較しないので、自分のしようとすることに全エネルギーをそそぎ込めることです。競争原理で生きる人は、いつでも自分と他者を比較し、「他者は私のことをどう思うか」ということばかり気にして、本来しなければならないことにエネルギーをそそぐことができません。これにたいして協力原理で生きる人は、「他者の評価が問題ではない。問題は、私が私のすべきことをしているかどうかだ」と考えて生きます。ですから、いつでも自分のしようとしていることに全力投球できます。

第二の理由は、協力原理で生きる人は、他者を競争相手として見ることはないので、いつでも仲間として協力者として、他者とかかわれるということです。ところが競争原理で生きる人にとって、他者は敵なのでいつも相手を疑っていて、よい協力関係が持てません。協力原理で生きれば、「他者は私に何をしてくれるだろう」ということよりも、「私は他者に何をしてあげられるだろうか」ということのほうに関心も持てます。このような人は、自分自身を心から大切にするので、他者をも心から大切にし、良好な人間関係が築けるのです。

第三の理由は、恐怖心から行動しないということです。競争原理で生きる人は、いつも「負けるとたいへんだ」という恐怖心を抱いて行動します。ですから、人生を楽しめずいつも不安です。一方、協力原理で生きる人は、勝ち負けにこだわらず、人生というゲームを楽しみます。楽しんでいるので真剣にプレイしますが、決して深刻にはなりません。いつも積極的で、楽観的なのです。不安や恐怖心や劣等感から逃れるために行動するのではなく、積極的に目標を設定して、それを楽しみながら追求していきます。

このようなわけで、協力原理で生きるようになれば、どんな場所ででも生活をエンジョイしながら生きてゆけるようになり、世の中がどのように変わろうとも対応できるようになります。禅の言葉「随所に主となる」ということが、実現できるのです。教育の大目標の一つの「子どもたちに生活力をつける」は、競争原理にもとづく教育システムでは実現できず、協力原理にもとづく教育システムによってのみ実現可能なのです。

現在の育児と教育のシステムは、ひどい競争原理の上に組み立てられています。そのため多くの子どもたちは、小学校入学時にはすでに、競争原理をしっかりと身につけてしまっています。さらに学校では、それ以上に強い競争原理でトレーニングされます。子どもたちはその過程で、生活力をみるみる失っていきます。そうしてどんどん臆病になり、権力亡者になり、利己的になってゆくのです。今の子どもたちの関心の的はひたすら自分自身にだけあります。貢献するとか助けあうなどは子どもたちの

考えの中にはなく、残念なことに自分自身が安全でいられることだけが関心事なのです。

教師と生徒の間が競争原理を脱して協力原理にもとづくものになれば、生徒と生徒の間も協力原理にもとづくものになります。学校の中に協力的な場ができてくれば、子どもたちは、権力闘争や自分と社会の破壊のために無駄に費やしていたエネルギーと知恵とを、協力や自分と社会の建設のために、有効に使ってくれるでしょう。

次頁から、子どもたちが協力を学ぶために、あなたが何をすればよいかをまとめましたので、ぜひ取り入れてください。

まずは子どもを尊敬する

まずは、子どもたちが協力を学ぶためにも、教師であるあなたが、生徒たちとまったく対等な人間であることを決して忘れないようにしてください。等価値の人間の一方がたまたま早く生まれて教師という役割を引き受け、もう一方が遅く生まれて生徒という役割を引き受けることになっただけなのです。

実は「協力する」とは、「対等である」ということです。と同時に、「対等である」とは、「互いに尊敬しあう」ということでもあります。要するに、**協力を学ぶためには、互いに尊敬しあうことをマスターしなければならないのです。**このことが協力原理にもとづく教育の基本になります。

子どもたちに尊敬を教えるのは、難しいと思われるかもしれませんが、意外に簡単なことです。

あなたが子どもたちを尊敬すれば、彼らは尊敬とは何であるかを自然に学びます。でも、子どもたちを軽視しながら尊敬を強要しても、あなたを恐れることはあっても尊敬することはありません。

子どもを尊敬する第一歩として、こう考えることを提案します。

「子どもたちは、明日をになう大切な人たちだ」と。

そのことだけでも尊敬に値すると思えませんか？　子どもたちは、私たちが地球からいなくなった後も生き続け、われわれが残せたよいものを受け継ぎ、犯した過ちを乗り越えていってくれる大切な後継者なのです。

あなたのクラスの後ろのほうで居眠りしているあの子は、第二のアインシュタイン博士になるかもしれません。お茶目なあの子は、親切な看護師になって、ひょっとしたらあなたの死に水をとってくれないともかぎりませんよ。

子どもたち全員が、素晴らしい可能性を秘めています。彼らは人類の宝です。まだ原石で、時にはあなたをイラッとさせることもあるでしょうが、それでも宝石であることに変わりはありません。

教師は、原石を磨く重要な役割をになっています。まずは子どもを尊敬し、輝く宝石に磨きあげてください。

どこまでも子どもを信頼する

子どもたちを教育しようと思うなら、子どもたちとの間に信頼関係を築かなければなりません。相互の信頼関係なしには、教育は不可能です。「相互の」というのは、「私が先」ということです。**相互信頼は、教師が生徒を信頼することから始まります。** 教師が子どもにたいして不信感を持っているのに、子どもに「私を信頼しなさい」と言うのはおかしな話です。

信頼は、信用とは違います。信用というのは、信用できる根拠があるからできるのです。信用できる根拠がなければ成立しないので、基本的には不信感の上に成り立っています。要するに、信用は「君が〇〇している時だけ、私は君を信用するよ」ということです。

一方、**信頼は、根拠が何もなくても、子どもの強さを信頼することです。**「君が何をしていようと、私は君を信頼しているよ」ということです。子どもたちを一人前の人間として扱うならば、彼らは必ず一人前の人間としてふるまってくれます。子どもたちは従来考えられていたよりもはるかに大人に近い能力を持っていますが、それ

を信頼するのです。

信用は条件付きですが、信頼は一切無条件です。子どもを条件つきで信用していると、「この子は私を裏切るんじゃないか」と、心のどこかできっと疑心暗鬼になるでしょう。そうすると、あなたは無意識に子どもの欠点や失敗を探し始めてしまいます。そうなっては、子どももまた、あなたの欠点や失敗をあら捜しするようになります。こうして、相互不信が始まります。条件つきの信用からは、相互信頼関係は生まれないのです。

たとえ今は不適切な行動をしていたとしても、あなたが子どもを全面的に信頼すれば、子どもはきっと信頼にこたえてくれます。全面的に信頼されてそれを裏切るのは、とても難しいものです。

子どもたちを大人と対等な人間として信頼すれば、「世界は私たちを信頼してくれている。私たちが参加するのを待ってくれている。教育を受けて、この世界に参加して、素晴らしい世界を作るんだ」と、子どもたちは感じてくれるようになります。

子どもを決して批判しない

子どもと対等でありたいと思うならば、子どもを批判することを一切やめなければなりません。なぜなら、批判は、ただ憎しみを呼び起こすだけですから。批判された子どもは、そのことに屈辱感を覚え、「先生には負けないぞ」と考えるようになってしまいます。

また、**どんなことがあっても、子どもの体面を傷つけてはいけません。**子どもとふたりきりの時に批判することもいけませんが、他の子どもの面前で批判することは、はるかに破壊的です。子どもは教師にたいして、「この仕返しは必ずしてやる」と強く決心するばかりでなく、「自分をばかにした子を、全員見返してやる」と考え、他の子どもとの間にも競争原理が働き始めます。

特に子どもが一〇歳以上になっている場合は、他の子の面前で批判することは致命的です。**思春期の子どもたちにとって、最も耐え難いことは、友だちにたいして体面を失うことです。**友だちへの体面こそが、彼らの生活のほとんど唯一の目標なのです。

子どもたちに何かを教えるのに、彼らを批判し傷つけはずかしめ

る必要はありません。**彼らの失敗を指摘する必要はなく、ただ『代替案』、すなわちより適切なやり方を提案するだけでよいのです。**

たとえば忘れ物を繰り返す子がいれば、「どうすれば忘れ物をしないようにできるだろう。何か工夫できないかな?」と問いかければいいのです。その子が「寝る前に時間割をする」と決めて、実行できなかったとしても、「なぜ?」という問いは避けるべきです。「なぜ寝る前に時間割をしなかったの?」という問いには、それ自体が非難のニュアンスを含んでいます。第一、心理学的に言えば、行動の本当の理由は無意識の中にあって、意識はそれを知らないので、「なぜ?」という問いにはつねに解答不可能です。

「なぜ?」という問いで過去に焦点を当てるのではなく、いつでも「どうすれば?」と未来について考えていくべきです。教師は、「どうすれば?」という問いかけを、自分自身と子どもにたいして、投げかけ続けなければなりません。そうして初めて、批判なしで教育することが可能になります。

自分を好きでいられるように援助する

子どもは、大人から大きな期待をかけられ、たえずその期待を満たしていないことを指摘され続けると、しだいに自分のことが嫌いになってしまいます。「私はどうせダメなんだ」と思うようになり、自己嫌悪に陥るのです。自分のことが嫌いになっては、建設的に生きてゆくことができないので、とても困った事態になります。

あなたの頭の中に『理想の子ども』がいて、それと比較しながら現実の子どもを見ていると、あなたの口からは、「君はここが足りない」「この点がまだダメだ」というような言葉ばかりが出てきます。すると、建設的に生きる勇気を失い、不適切な行動を始めてしまうのです。

「私は自分のことが好きだ」と感じていること、すなわち『自己受容』は、精神的な健康の最大の条件です。ですから、子どもが自分のことを好きでいられるように、最大限の援助をしてください。

まず最初にすべきことは、あなたの頭の中にしかいない理想の子どもから減点しながら現実の子どもを見るのをやめることです。わ

かりやすく言い換えると、「どうあるべきか」ではなくて、「あるがまま」をしっかりと直視し、その子の長所を発見し丹念に指導し続けることです。

いつでも、「君にはすでに充分よいところがある」ということを伝えてください。言葉一つで、相手が受ける印象は大きく変わります。たとえば、次のようなよい言葉がけをお勧めします。

- **「君は臆病だ」↓「君は慎重だね」**
- **「君はのろまだ」↓「君はていねいに物事をするね」**
- **「君は乱暴だ」↓「君は元気だね」**
- **「君は反抗的だ」↓「君は自分の意見を持っているね」**
- **「君はなまけ者だ」↓「君はおっとりしているね」**

私たちの師アルフレッド・アドラーは、「問題は、何が与えられているかではなく、与えられているものをどう使うかだ」と言いました。子どもは「この性質は短所ではなく、使い方によっては長所にもなる」と知れば、必ずそれを善用するようになります。

命令語をやめて、お願いする

「静かにしなさい」と言ってもクラスが静かにならないとしたら、それは子どもたちが悪いのではなく、言い方に問題があるのです。いつでも、**ある方法がうまくいかないとしたら、それは子どもたちではなく方法が悪いのです。**

なぜ「静かにしなさい」という言い方が、うまくいかないのでしょうか？

それは、上から下に伝える命令語だからです。命令語は、競争原理の世界の用語法なのです。命令口調でものを言っているかぎり、競争原理にもとづいて教育していることになります。

協力原理にもとづくためには、**一切の命令語を追放して、代わりに協力を依頼するための言い方を身につけてください。**私たちはこれを、『お願い口調』と言っています。お願い口調は、クラス全体に向かってだけでなく、個々の子どもに向かっても使います。

たとえば「静かにしなさい」と言う代わりに、「静かにしてくれませんか？」と言います。**お願い口調は、疑問文で敬語を使うのが最**

も効果的です。それは、普通はお願い口調だと思われている「静かにしてください」や「静かにしてくれないか？」という言い方も、いくらか命令口調の余韻が残ってしまうからです。

疑問文でない言い方としては、「静かにしてくれると助かるのですが」とか、「静かにしてもらえるとありがたいのですが」というような、**仮定文による言い方が可能です。**

子どもたちがもしお願いを聞き入れてくれたら、必ずお礼を言います。たとえば「静かにしてくれませんか？」とお願いして静まってくれたなら、「協力してくれてありがとう」と言います。**お願い口調は、協力へのお礼と対で身につけてください。**

お願いしても聞き入れてくれない場合は、ひと息入れてから、「授業を始めたいと思うのですが、どうすれば協力してくれますか？」と尋ねてください。**この場合も、「なぜ」という問いは意味がありません。「どうすれば」、と問うのです。**ほとんどの場合は、これで解決すると思います。

子どもはあなたをモデルにして行動する

私たちが提唱する新しいクラスルーム・マネージメントのシステムは、ひとことで言えば、「クラスの中で子どもたちが精神的に健康に暮らせるように」、ということを最大の眼目にして設計されています。クラスの中で子どもたちが、精神的に健康に暮らすとは一体どういうことかを体験すれば、彼らはきっとその暮らし方が好きになって、クラスの外でもそのように暮らすようになります。

これまで子どもたちが協力を学ぶためにすべき具体的方法をご紹介しましたが、健康なクラスを作るために、常に心に留めておいていただきたいことをお伝えします。それは、「あなたのすることすべてが子どもに影響を与える」ということです。

大人がよいモデルを示すことが、子どもによい行動を教えるための最良のやり方です。親や教師が、適切な行動とはどのようなものであるかをたえず子どもたちに示しているならば、そのような大人たちのもとで育った子どもが問題児になったりするはずがありません。

子どもを矯正しようとしてすることが、結果的にはむしろ子どもに悪い見本を示してしまっているのをよく見受けます。これでは子どもたちをよい方向に導けないどころか、かえって悪い方向に導く結果になってしまいます。

たとえば、言葉による暴力は、子どもたちにたいして悪い見本になります。教師が乱暴な言葉遣いをすると、子どもたちはそれを真似て乱暴な言葉遣いをするようになります。けれども教師がていねいな言葉を使うと、子どもたちもていねいな言葉を使ってくれるようになります。

子どもを尊敬するとか、子どもを批判しないとか、命令口調をやめてお願い口調を使うとか、今までに説明したことはすべて子どもたちによい影響を与えます。それらは、人間関係上の問題をうまく解決するためのよいモデルとして機能します。子どもたちは、「なるほど、先生のように言えば、相手を嫌な感じにさせずに、しかも協力しようという気にさせるんだな」と感じとり、真似をするようになるのです。

今ではずいぶん少なくなりましたが、体罰も悪い見本です。体罰は、子どもたちに暴力で人を支配することを教えてしまうからです。もし教師が体罰を加えると、子どもたちは「人を支配したいなら暴力に訴えなければ」と学びとり、自分の意見に従わないものを暴力で支配しようとするでしょう。こうして人類に暴力の系譜が受け継がれていくのです。

少し大きな話になりますが、全動物の中で、人間だけが同じ種族を殺します。ライオンはライオンを殺さないし、狼は狼を殺さないのです。それなのに、人間は人間を殺すのです。

人間の攻撃性は、生得のものではないと私たちは考えます。それは遺伝ではなくて、学習されたものなのです。

つまり、代々の親や教師が子どもたちに教えた「暴力による支配」の極限的なかたちが殺人であり、戦争であると考えています。殺人や戦争は、暴力的な家庭と暴力的な学校とで作られると言っても過言ではありません。

子どもたちがあなたの行為から、何を学びとるかを意識してください。多くの教師は、「私は子どもたちに何を教えたいか」については比較的はっきり意識しているようですが、「子どもたちは私から何を学びとったか」についてはほとんど意識していないのではないでしょうか。

健康なクラスのイメージ

▽ 精神的に健康なクラスとは、一体どのようなものでしょうか？　不健康なクラスと対照して紹介します。

健康なクラス	不健康なクラス
協力原理 ・全員が協力して課題に取り組む ・過去の自分よりどれだけ伸びたか ・立ち遅れた子を全員が援助する	**競争原理** ・他の生徒に勝つために課題に取り組む ・他の生徒よりどれだけすぐれているか ・立ち遅れた子を取り残し切り捨てる
横の関係 ・教師と生徒は完全に対等の友人 ・全員で問題解決にあたる ・生徒同士も完全に対等	**縦の関係** ・教師が上で生徒が下 ・教師が決めて生徒が従う ・生徒間に上下の差を作る
相互尊敬・相互信頼 ・まず教師が生徒を尊敬する ・教師は生徒をどこまでも信じる ・教師は生徒から学ぼうとする	**相互不信** ・教師を尊敬するように生徒に強要する ・生徒を条件つきでしか信じない ・教師は生徒に教えようとするだけ
勇気づけによる教育 ・成果をともに喜ぶ ・失敗しても意欲を認めて勇気づける ・生徒の長所を探して認める	**賞罰による教育** ・教師の基準によってほめたり叱ったり ・成功した時だけ認める ・短所を探してはずかしめる
責任性 ・各自が自分の行為に責任をとる ・クラスの問題の原因を構造に求める ・教師は生徒が何を学ぶかを考える	**無責任** ・生徒の責任を教師が引き受ける ・クラスの問題の原因を他に転嫁する ・生徒に何をさせるかだけ考える
民主的法治主義 ・民主的に制定したルールだけがある ・決定権は生徒にある ・生徒の権利を守るためのルール	**独裁または無政府主義** ・ルールはないか、教師の作ったルール ・決定権は学校にある ・教師の特権を守るためのルール
コーディネーターとしての教師 ・民主的な司会者としての教師 ・生徒の勇気と意欲を呼び起こす ・いつでも理性的に考えようとする	**ボスとしての教師** ・権威的な独裁者としての教師 ・生徒を恐怖心で支配する ・すぐに感情的になって混乱する

column

子どもへのアプローチ7つの“べからず”

1 子どもを敵にまわさない
2 子どもを恐怖心で動かさない
3 解決をあせらない
4 ほめない・叱らない
5 命令しない
6 意見と事実を混同しない
7 必要以上に干渉しない

日本だけでなく、世界の民主主義はまだ歴史が浅いと言わざるを得ません。子どもたちに教える前に、われわれ大人が民主主義とは何なのか、民主主義とはどんな暮らしかを学ばねばなりません。

あなたは良心的な先生で、民主的なコーディネーター教師になることを決心していただいていることと思います。けれどもあなたも、民主主義的な教育理念と方法を知らないのが現状だと思われます。子どもへアプローチする際には、まずは上の7つの“べからず”をしないようにしてください。

実践2

4章

子どもたちを勇気づけるヒント

「ほめるのではなく勇気づける」。これがアドラー心理学の特徴です。では一体、子どもを勇気づけるとはどうすればよいのでしょうか？　子どもが劇的に変わるテクニックを伝授します。

子どもたちに勇気を与えてください

この章では、どうすれば子どもたちが積極的になるかについて考えていきたいと思います。結論から言うと、子どもたちが積極的になるためには、教師が勇気を与えなければなりません。この勇気を与えることを、アドラー心理学では『勇気づけ』と呼んでいます。

勇気づけとは、子どもが次のように感じられるように援助することです。

- **「私は私のことが好きだ」**
- **「この世界はいいところだ」**
- **「この世界には私の役割がある」**
- **「問題を解決することは楽しい」**
- **「他者に貢献することはうれしい」**

こう聞くとあなたは、「どうすれば子どもたちを勇気づけられるのか」という、勇気づけの具体的な援助方法を知りたくなるでしょう。でも、まずはなぜ子どもたちが不適切な行動をしたり、勇気を失うかについて考えてみましょう。

子どもたちが不適切な行動をするようになる根本的な原因はただ一つ、その子が建設的に生きる勇気を失ってしまっていることです。

本来、すべての子どもは建設的に生きたいと望んでいます。ところが、子どもなりに建設的に行動した時に、周囲の人々がその子の勇気をくじくような対応を繰り返すと、「建設的に行動したところで何もいいことは起こらない」と考えるようになって、建設的に生きる勇気を失ってしまうのです。

勇気をくじくような対応というのは、たとえば批判することであり、無視することであり、ほめることで圧力をかけたりすることです。

あなたのクラスの問題児が、いつ誰によって勇気をくじかれたかは問題ではありません。家庭や、前のクラスで勇気をくじかれたかもしれませんが、いつという歴史は問題ではないのです。問題は、現在あなたのクラスの中にその子の勇気をくじき続ける悪循環の構造があることなのです。

周囲の人たちが子どもの勇気をくじくようなことさえしなければ、子どもは建設的なかたちでこの社会に参加しようという意欲を失うようなことはありません。

クラスの中で問題児たちの勇気をくじいているのは、あなたがた教師だけではありません。クラスの他の子どもたちも、一枚かんでいるのです。クラス全体に、問題児たちの勇気をくじく雰囲気が充満しているのです。この雰囲気と悪循環を、クラスルームから駆逐できる人はあなたがた教師をおいては他にありません。

あなたがた教師が、この悪循環を断ち切ることができれば、子どもたちは精神的に健康に育ち、自分の人生を積極的に生きていきます。

そこで必要になるのが、勇気づけです。

クラスの中に問題児が発生するのは、子どもが「私は、もはや適切なやり方では、クラスの中に自分の居場所を確保することはできない」と感じてしまった時です。ですから、問題児を出さないため、そして子どもが積極的になるためには、あなたがた教師は常に子どもたちに適切に行動する勇気を与え続けなければならないのです。

次頁に精神的に健康な人間のイメージをまとめましたので、勇気づけにより導くべき子どもたちのイメージを把握してください。

精神的に健康な人間のイメージ

▽ 精神的に健康な人間になれるかどうかは、教師の勇気づけとも大きくかかわっています。不健康な人間のイメージと対照して紹介します。

健康な人間	不健康な人間
高い自己評価 ・自分のことが好き ・自分の長所を知っている ・自分に自信がある	**低い自己評価** ・自分のことが嫌い ・自分の短所ばかり気にしている ・他者からの評価ばかり気にしている
世界への基本的信頼 ・他者を信頼している ・他者と協力しようとする ・自分と他者を不必要に比較しない	**世界への基本的不信感** ・他者に不信感を抱いている ・他者と競争しようとする ・いつでも自分と他者を比較する
集団への所属感 ・集団の一員だと感じている ・自分も他者も対等だと感じている ・他者の関心に関心がある	**集団からの疎外感** ・自分だけのけものだと感じている ・自分だけ特別な例外だと感じている ・自分の関心にしか関心がない
責任感 ・自分の行動に責任をとる ・他者にも自分と対等の権利を認める ・他者の意見や行動に寛容である	**無責任** ・自分の行動の責任を他者におしつける ・自分だけ特別に権利があると主張する ・自分の考えを他者におしつける
貢献感 ・建設的でありたいと望んでいる ・状況の必要に対処する ・他者の役に立ちたいと願っている	**利己主義** ・破壊的になっても自分の要求を通す ・自分の必要にしか対処しない ・他者からのサービスをあてにしている
勇気 ・自分の不完全さを受け入れる ・他者を勇気づける ・真剣に努力して不必要に悩まない	**臆病** ・虚勢を張る ・他者の勇気をくじく ・深刻に悩むだけで実行しない
誠実 ・自分にも他者にも正直 ・失敗の責任をとる ・冷静に問題に取り組もうとする	**欺瞞**(ぎまん) ・自分をも他者をもいつわる ・失敗すると言い訳ばかりする ・すぐに感情的になってパニックに陥る

ほめることは勇気づけにならない

「ほめて育てる」という考え方もあり、多くの教師がほめることが勇気づけだと思っています。でも、私たちはこの意見に反対です。ほめられることで、子どもは適切な行動をするようになるかもしれませんが、それは**ほめられる喜びのためであって、適切な行動をする喜びのためではない**からです。また、ほめて育てられた子どもは、**自分の利害にしか関心がなくなってしまいます。**たまたまその子が他者のために貢献することがあっても、それは他者に関心があるからではなく、他者からの賞賛や褒美に関心があるからです。

ほめすぎると、子どもは、ほめられるのは自分の当然の権利だと考えるようになります。こう考えると、**努力したのにそれに見合う賞賛を得られないと、ほめない人に腹を立てることになります。**

かえって適切な行動をしなくなる場合もあります。たとえば、成績がよかった時に、**「よくがんばったね」というほめ言葉をかけると、それを圧力と感じて勇気を失い勉強しなくなってしまいます。ほめたつもりが皮肉にしか受け取られない場合もあります。**これ

は、子どもが自分にたいして法外に高い要求水準を決めている時に起こります。そのような子は、少々の成功では満足せず、「これはきっとイヤミだ」と感じてしまうのです。

ほめるということは、「あなたが私の期待する行動をした時だけ、私はあなたを評価します」というメッセージを伝えているのと同じことです。これにより、**他人の評価にびくびくして暮らす人間になってしまう恐れがあります**。これはとても臆病な生き方です。

普通、子どもは成長につれ、ほめられるチャンスは減ります。ですから、**人間にはほめられる以外の満足感が必要**になります。

問題がうまく解決できたなら、誰にも認められなくても、ただそれだけで充分満足感があります。まして、問題解決を通じて他者のために貢献できたなら、最も大きな満足感がもたらされます。子どもたちには、そのことを学んでもらわなければなりません。子どもたちの成功や善行にたいしてほめ言葉をかけるのは、達成の純粋な喜びを汚し、貢献感を持って暮らすことの至福を奪うだけです。

子どもたちの協力に感謝する

先にも述べましたが、クラスにいる時の子どもの行動の目的は、「クラスの中に自分の居場所を確保すること」です。

あなたがた教師がたえず子どもたちに、「あなたがいてくれてうれしい」「あなたが協力してくれるのでありがたい」という**感謝のメッセージを送り続ければ、子どもたちはすでにクラスの中に居場所を持っていることになり、不適切な行動で居場所を確保しなくてもよくなるのです。**

では、どんな場合に子どもの協力に感謝して、勇気づければよいでしょうか？

まず第一に、彼らがクラスルーム・マネージメント全般に協力してくれた場合です。あなたは「静かに授業を聞いたり、掃除当番をするのは当たり前じゃないか」とおっしゃるかもしれません。でも、その「当たり前」に感謝していただきたいのです。これを当たり前と言って声をかけない教師は、それをせずに授業中に騒いだり、掃除をサボる子には声をかけるでしょう。するとクラスには「適切な

行動をすれば無視され、不適切な行動をすれば注目される」という構造ができあがってしまいます。ですから意識して、「当たり前」に感謝の声をかけてください。

第二の場合は、子どもたちがあなたの依頼を聞き入れてくれた時です。「ちょっと来てくれませんか?」とか「静かにしてもらえませんか?」といったお願いを、子どもたちが聞き入れてくれた時には、教師の言うことは聞いて当然とは思わずに、「協力してくれてありがとう」と必ず言ってください。

第三に、子ども同士が協力した場合には、助けられた側に代わってお礼を言ってください。たとえば、ある子どもが他の子どもの勉強を手伝ってあげているのを見かけたら、「ありがとう」と言ってください。子どもたちの間に様々な協力関係が芽生えているのを見るのはうれしい体験ですし、あなたのクラスはもう大丈夫です。

子どもの協力に感謝することを、心掛けて習慣にするのではなく、本当にありがたいと感じて言えるようになるといいですね。

子どもたちの積極的な姿勢を喜ぶ

勇気づけの初歩的なやり方には、「ありがとう」の他にもう一つ、「うれしい」という言い方があります。

「あなたはいいことをしてえらい」という言い方をすると、縦の関係になって、ほめたことになってしまいます。そのような時に、**「（あなたが積極的に課題に取り組んでいるのを見ると）私はうれしい」という言い方を使うと、横の関係になって勇気づけになります。**

「ありがとう」と「うれしい」に共通する特徴は、「あなたは」と言わないで、「私は」と言うことです。

「うれしい」という言い方は、「ありがとう」と言うのが何だか変に感じられる時に使えます。それは、子どもが教師や他の子どもに協力しているわけではないけれど、適切に行動している時です。すなわち、**単独で自分の課題に積極的に取り組んでいる時です。**

たとえば図工の時間に、一生懸命に絵を描いている子どもに声をかけたくなったとします。この場合、「ありがとう」と言うのは、何だか場違いですよね。そんな時に、「あなたが楽しそうに絵を描いて

いるのを見ていると、何だか私までうれしくなってくるわ」と言うのです。

では、子どもが試験でよい点をとった時に、「がんばってえらかったね」と言う代わりに、「君がいい点をとると、私までうれしくなってくるよ」と言えばいいでしょうか？　これはダメです。これでは、どう考えてもほめたことになってしまいます。それに、よい点を取れなかった子どもたちは、これを聞いてどう感じるでしょうか？　ある子どもに対する働きかけがクラス全体にどんな影響を及ぼすかについて、いつも敏感でいてください。

一般的な原則を言うならば、「うれしい」という言い方は、積極的に課題に取り組む姿勢にたいして使うべきで、成果について使うべきではありません。終わってしまった行動の成功について声をかけると、言い方にかかわりなくほめたことになってしまいます。

「うれしい」という言い方は、特に注意して使うように心掛けてください。

失敗した時も勇気づける

子どもは失敗してしまうと自信をなくし、意欲を失ってしまいます。このような時こそ、たくさんの勇気を与えなければなりません。決して失敗をとがめないこと。失敗した子どもは、もう十二分に自己嫌悪に陥っています。**成功と同じく失敗も、もう終わってしまった行為の結果なのです。**不適切な行動は、**もう存在しないのです。ですから、問題は今後の処理です。**

失敗した場合は、いつでも三つの段階を踏んで事後処理します。**まず、現状回復か、それが不可能なら後始末。**「後始末をどうするか知っていますか？」と尋ね、適切な方法を答え実行すれば、「ありがとう」と言います。答えられなければ、教師が提示して実行するように勇気づけ、できれば「ありがとう」と言います。ひとりでできない時は、協力するのもよいことですが、教師ひとりで後始末をしてはいけません。

次に、今後同じことを繰り返さないための対策。「これからこんなことが起こらないように、何に気をつけようと思っていますか？」

と尋ね、適切な対策を答えれば、「真剣に考えてくれてうれしい」と言います。答えられなければ、教師が考える対策を提案し、聞き入れてくれれば、「わかってくれてありがとう」と言います。

最後に感情の処理。クラスのみんなの感情を収めてもらいます。「クラスのみんなにどう言おうと思っていますか？」と尋ね、適切な慰撫策《いぶさく》を答えれば実行するように勇気づけ、答えられなければ教師が方法を提案し、場合によっては実行を一部手伝います。

この三つの過程で、**たえず子どもたちに問いかけ、できるだけ自力で処理するように勇気づけます。**

子どもが失敗するのは、ほとんどの場合、それをうまく処理できる知識や技術を身につけていないためです。それは恥ずべきことではありません。今後、不足している知識や技術を身につければ、それでよいのです。**「いつかきっとうまくやれる」と感じてくれれば、子どもは勇気を失いません。失敗したからといって、人間としての価値は低下しないということを、教師は伝えなければなりません。**

意欲のない子を勇気づける

子どもはときに、「難しすぎて、できない」と言います。このように言う子は、**勇気を失って臆病になってしまっているのです。**充分に達成可能な課題であるのに、「私にはできない」と言う場合には、どうすればいいのでしょうか？

腹を立てずに冷静に、**「あなたはできないと感じるのね。でもあなたならきっとできると思う」と言います。**それでもその子が挑戦しようとしない時には、完ぺき病患者で失敗恐怖症に陥っているのかもしれません。もしそうなら、**「失敗することを恐れているの？失敗してもいいのよ」と言ってみます。**それでも挑戦しないなら、かなり勇気をくじかれた子ですから、もう少し時期を待つことです。**時期を待ち、しかもチャンスを見逃さないことが重要です。**

子どもが少しでも動き始めれば、「ありがとう」や「うれしい」と言ってください。**成果については言及せず、挑戦する姿勢についてコメントします。**「やればできるじゃない」ではなく、「あなたが積極的に挑戦しているのを見るとうれしいわ」といった言い方をしま

す。これは「あなたは」ではなく、「私は」と言うことでもあり、教師に及ぼしたよい影響についてコメントしているのです。

消極的な子にたいしては、ほめられようと意識していない時が、勇気づけるチャンスです。人は、他者のために役に立つ人間でいたいと願っています。ですから教師は、たとえば「教室で騒がない」というだけでも、すでに貢献していることを伝え、さらに積極的な貢献の機会を与えましょう。何もしないことすら貢献していることを指摘してあげれば、子どもはとても楽になります。注意深く観察すれば、どの子もきっと、建設的な行為やクラスへの貢献をしています。**ささいでそれほど重要でないちょっとした貢献や積極性に、丹念に「ありがとう」や「うれしい」を言うのです。**

すべての子どもは、日々進歩し続けています。どの領域であれ子どもに進歩があれば、それを見逃してはいけません。**「私は確かに進歩しているんだ」と子ども自身が実感すれば、積極的に挑戦するようになっていくでしょう。**

感情的にならない、同情しない

子どもの行為に腹を立て感情的になっている時には、あなたのいかなる言葉も子どもたちの勇気をくじきます。そんな時には、子どものことを尊敬も信頼もしていないし、対等の仲間であることをやめてしまっているのです。**そうなったら子どもに声をかけないで、もしできる状況であれば、その場をいったん立ち去ることです。**

同じことを言っていても、声の調子によって、勇気づけになる場合と、勇気づけにはならない場合とがあります。**あなたが感情的になっていれば声の調子にあらわれ、子どもたちに伝わるのは言葉ではなく声の調子のほうで、かえって有害になります。**

まだそれほど感情的になっていなくても、子どもにお説教をしたい気分になっているとすれば、それはすでに黄信号です。**「この子は悪い子だ」と思ってしまうと、ついお説教がしたくなりますが、そんな状態で声をかけると、子どもの勇気をくじくだけです。**感情的になっている時と同様に、何も声をかけないほうが安全です。

子どもに善悪を教えるのに、感情的になる必要もお説教をする必

要もありません。ただ「あなたのことは好きよ。でも、あなたのしていることは、あまり好きではないわ。そうする代わりに、こうしてもらえないかしら？」と言えばいいのです。**子どもが、先生に嫌われていると感じることがないように、子どもと、その子がしている行為をはっきり区別できるようにならなければなりません。**

子どもに同情している時も黄信号です。同情することは、「人生は自分だけに不公平だ」という誤った考えを支持するだけです。それよりも、**子どもの置かれている状況を理解し、問題解決を援助する姿勢を持つ『共感』することです。**子どもには、自分の人生の課題に自分で対処する能力があると信じることです。「あなたがどう感じているか理解できます。でもあなたは自分の力でその問題を解決できると思います」と子どもに言えるようになることです。

あなたが競争原理から脱却して協力原理に立ちきれば、子どもにたいして陰性の感情を持つことがなくなり、感情的になるという悩みからも解放されることになるのです。

絶対に子どもを罰しない

われわれが望むのは、子どもたちが建設的に行動する喜びのために建設的に行動する人間に育ってくれることです。そのためには、決して子どもを叱らないこと。叱ることは、勇気づけることと対極の行為で、何の教育効果もありません。

叱られると、子どもは不適切な行動をしなくなるかもしれません。でもそれは、叱る人がいる時だけのことです。子どもは、「叱られなければ何をしてもいいのだ」と考えるようになります。これはとても誤った考え方です。罰して育てられた子どもは、積極的に望んで適切な行動を選択するのではなく、恐怖心から不適切な行動をしなくなるだけです。叱って育てた子は、罰を恐れびくびくする人間に育ってしまいます。

それに、叱っても子どもが不適切な行動をやめるとはかぎりません。なぜなら、叱られた子どもは、それで注目を得たと感じたり、ケンカを売られたと感じたり、復讐を誓ったりすることもあるからです。そうなると、不適切な行動は持続します。

あなたは、今までさんざん叱って、なお問題行動が持続しているとしたら、今後叱り続けると、問題行動は無くなると思われますか？　同じように続いてくれるならまだしも、いっそう悪化することさえあるかもしれません。そうなるのは決して子どもの性格が悪いからではなく、教師のアプローチが悪いのです。子どもにある働きかけをしてそれが無効ならば、悪いのはアプローチの方法であり子どもではありません。

また、叱ると子どもとの関係が悪くなってしまいます。子どもは腹を立てて、「先生は私の敵だ」と感じ、心を閉ざしてしまいます。子どもを敵にまわしては、教育は成り立ちません。問題児たちは、教師にたいしてカンカンに腹を立てています。実際、教師たちはそれだけのことをしてしまっているのです。

罰は、クラス全体にたいしても悪影響を及ぼします。ある子どもを罰すると、ある子どもは、「あいつはばかだ。私はかしこい」と優越感を持ってしまって、クラスの中に競争原理が働き始めます。一方、ある子どもは、「叱られないように、なるべく積極的に行動しないでおこう」と決心して勇気を失います。罰は、一時的には効果があるように見えるかもしれませんが、百害あって一利なしです。それにもかかわらず、ほとんどの教師は、なお罰を使い続けています。一体なぜでしょうか？

罰に頼る教師は、他のスキルを持ち合わせていないのです。罰以外に何をすればいいのか知らないので、罰を禁止されると手も足も出せなくなってしまいます。罰を使った教育から脱却するためには、罰する代わりに何をすればよいのかを学ばなければなりません。私たちは、罰に代わる方法として、『子どもに結末を体験させる』ということを提唱します。これには大別して、次の三つのやり方があります。

①自然の結末（教師が手を出さないと何が起こるかを考える）
②社会的結末（適正なルールを適正に運用する）
③論理的結末（とめはしないが、何が起こるかだけは考えておいてもらう）

自然の結末というのは、子どもの行動の結果、必然的に起こる結末のことです。子どもは自然の結末を経験することで、実に多くのことを学ぶので、子どもがこれを体験するチャンスを奪ってはなりません。

社会的結末は、子どもの行動が、社会の約束事によってある結末に達することです。あらかじめ決められたルールがあって初めて起こります。ルールが合理的であれば、

子どもはそこから多くを学びます。

論理的結末は、子どもが行動を起こす前に、そのような行動をするとどのような自然の結末、あるいは社会的結末が待っているかを冷静に話しあって、最終的にその行動を続けるかどうかは子ども自身の判断にゆだねる方法です。これは実際には、かなり難しい方法です。

子どもたちをたえず勇気づけながら、一方でできるだけ多くのことを自然の結末にゆだねること。自然の結末では解決できない問題だけを、社会的結末や論理的結末を通じて積極的に援助すること。これであなたは、子どもの不適切な行動を罰しなくてすむのです。

column

クラス集団へのアプローチ 5つの“べからず”

1 競争させない
2 君臨しない
3 統治しない
4 裁判しない
5 悪平等・全体主義に陥らない

教育共同体では、クラスを運営する仕事の大部分は子どもたちがやってくれます。教師は、最初のはずみをつければ、あとはときどき少し手をかすだけです。

クラスを子どもたちにまかせて、コンサルタントに徹するためには、上の5つの“べからず”を心に留め、クラスを正しい方向に導いてください。

運営 1

5章

クラスに民主的な秩序を作る

クラスに民主主義を確立するために、いよいよクラス議会を開催しましょう。クラス議会がきちんと動けば、クラスを子どもたちにまかせられ、教師はコンサルタントに徹することができます。

互いに協力しあう場を作る

いよいよここからは、クラス議会や民主的なルール作りを含め、どのようにクラス運営をしていけばよいかを考えていきたいと思います。その前にまず、互いに援助しあう場として、クラスを築く必要があります。加えて、あなたの考え方も、大きく変えなくてはなりません。

精神医学の世界に、『治療共同体』という考え方があります。以前は、「医療スタッフが患者さんを治療する」という考え方が主流だったのですが、これでは能率が悪いので、「患者さん同士が相互に治療しあうような環境を作る」という発想が出てきたのです。

クラス運営において、教師は自分のクラスの子どもたち全員を、自分ひとりで援助しなければならないと考えているように見受けられます。しかし、これは非常に能率の悪いやり方です。そうではなくて、クラスの中に子どもたちが相互に援助しあうような環境を作ればよいのです。全責任をかぶるボスであることをやめて、クラスのコーディネーターに徹すればよいのです。そうすれば子どもたちは、あなたからだけでなくクラスメートからも、多くのことを学び多くの援助を受け取ることができるようになります。

このような、『教育共同体』としてのクラスは、実に様々なメリットがあります。まず第一に、クラスが子どもたちが体験を通じて協力を学ぶ場になることです。旧来のクラスでは、子どもたち同士の関係は、競争原理にもとづく潜在的あるいは顕在的な敵対関係です。そこでは子どもたちは、ごく部分的な協力関係しか体験することができません。一方、協力原理にもとづく教育共同体では、すべての子どもたちは協力的な友好関係で結ばれ、たえず協力とは何であるかを体験し続けます。協力原理にもとづくクラスが実現しないかぎり、子どもたちは本当の意味での協力を学ぶことはできないのです。

協力原理にもとづく教育共同体では、教師は比較的ひまにしているのに、すべての子どもたちの状態を的確に把握しています。それは次のような理由によります。

競争原理にもとづくクラスは、教師が上に立って個々の子どもたちとつながっている、扇形の人間関係からできています。子どもたち同士の間は、競争原理のために、比較的弱い絆でしか結ばれていません。その結果、教師と個々の子どもたちとの間には、おのおの一本ずつの情報路しかありません。

これにたいして協力原理にもとづく教育共同体では、子どもたち相互の人間関係は相互扶助的な友好関係であり、太い絆が縦横に結ばれている網形の構造を形作っています。教師も子どもたちと同じ水準に立って、このネットワークに組み込まれています。ここでは、教師と個々の子どもの間は、複数の経路を通じて結ばれています。その結果、すべての情報が教師の手の届く範囲にころがっているのです。

教育共同体には、さらにメリットがあります。

旧来のクラスの扇形の人間関係構造では、教師が利用できる通信線は、教師と個々の子どもを結ぶ一本ずつだけです。もしある子どもが、あなたとよい関係を持つことを拒んで通信を遮断してしまうと、あなたからその子に対する経路はほとんどなくなってしまいます。

これにたいして人間関係が網形であると、たとえ教師とある子どもの通信線が切れてしまっても、その子がクラス内で完全に孤立してしまわないかぎり、教師は他の子

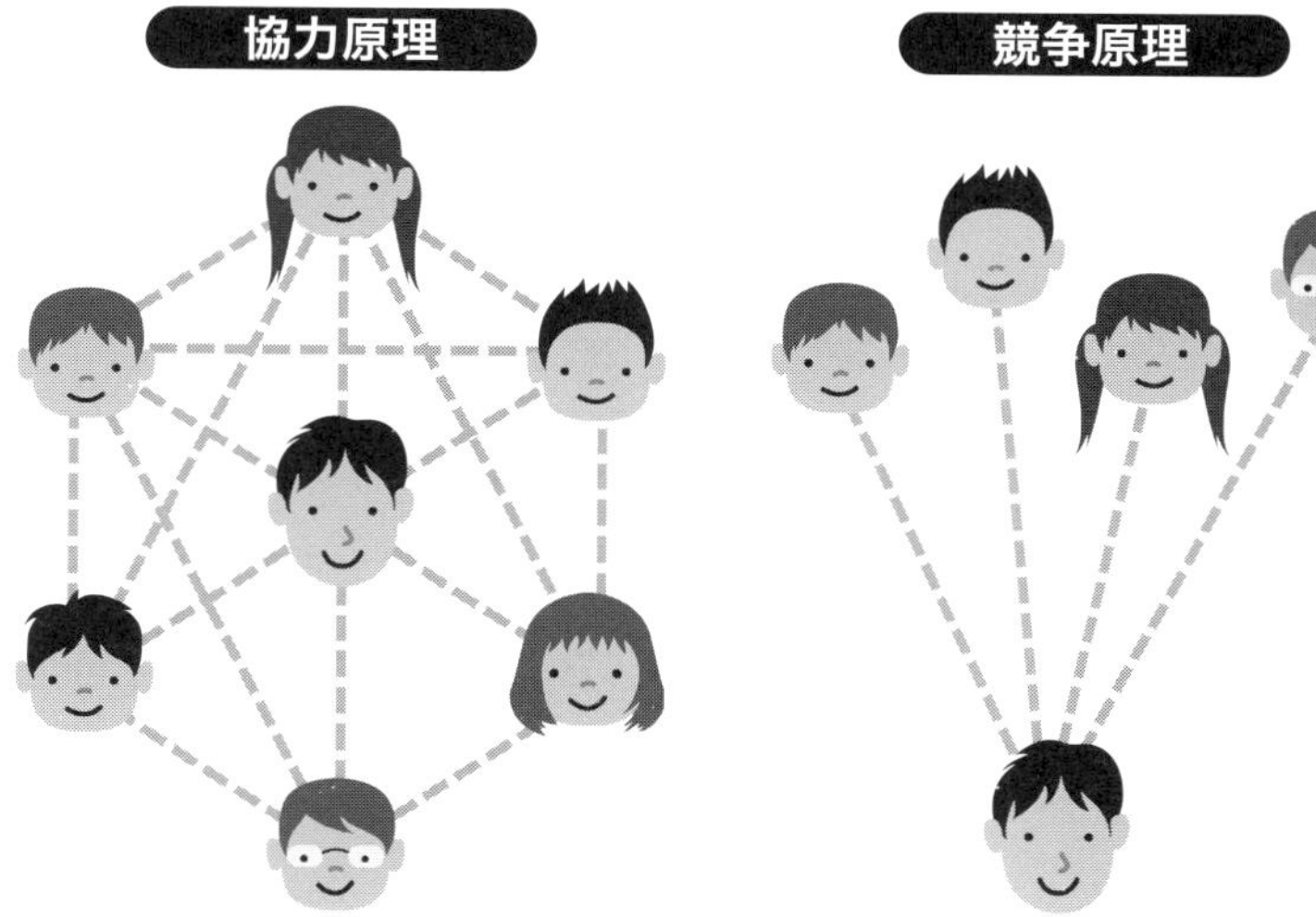

どもたちを中継局にして、その子との間に何本もの太い通信回線を確保し、必要があればいつでも利用できるのです。こうして、たとえ子どもが問題化しても、教師の手の届く範囲から出てゆくことはほとんどなくなります。

旧来の扇形構造のクラスで問題児が発生した時に、クラスの構造を網形に変えれば、その子との通信が回復します。これが、個々の問題児にアプローチする前にクラスの構造を変革しなければならない大きな理由の一つです。

では、次頁からクラスに民主的な秩序を作るための、具体的な方法をご紹介します。

クラスに民主主義を確立する

クラスの構造を変革し民主化するために、あなたが最初にしなければならない仕事は、クラス内のディスカッションを活発にすることです。今の学校にもホームルームなどで、ディスカッションをする機会があるでしょうが、二つの問題があるように思います。

第一に、その性格が曖昧で、何をしようとしているかがはっきり定義されていないこと。第二に、ディスカッションの進め方についての適切な知識が、子どもたちに教えられていないことです。

ここでは、第一の問題点である会議の性格をはっきりさせるにはどうすればよいかを考えていきましょう。私たちは、クラスの集会を大きく二種類に区別して考えることを提唱します。

一つは、クラス全体の運営にかかわる会議です。ここではクラスのルールを作ることが主な仕事になります。

このような会議を『クラス議会』と呼び、法学的な方法を使う、立法機能を中心とする集会です。

クラス議会はさらに、『通常議会』と『臨時議会』とに区分されます。

通常議会は、定期的に行われる議会で、ホームルームの一部をこれに当てます。一週間に一回、教師が招集し、時間を決めて開催するとよいでしょう。

臨時議会は、必要が生じる都度に招集されるものです。ほとんどの場合、授業中に授業をいったん休止して始めることになります。必要があれば、いつなんどきでも臨時議会を招集し、短時間で問題点だけを処理して終わり、またもとの授業に戻ります。

もう一つは、問題を抱えた個人をクラス全員で援助するための会議です。これをアドラー心理学の用語で『オープン・カウンセリング』と呼び、心理学的な方法を使う行政機能を中心とする集会です。こちらは6章で詳しく説明します。

クラスに子どもたちの作ったルールができ、そのルールを守って暮らすにはどうすればよいかを考えるようになることが、あなたのクラスに民主主義が確立される第一歩になります。

一目でバッチリ！ クラスの集会

クラスの集会

クラス全体の
運営にかかわる会議。

問題を抱えた個人を、
クラス全員で援助する
ための会議。

クラス議会

- クラスのルールを作る。
- 法学的な手法を使う、立法機能を中心とする集会。

オープン・カウンセリング

- 心理学的な方法を使う、行政機能を中心とする集会。

詳しくは P.117～へ

通常議会

- 1週間に1回、ホームルームの一部を当てて行う。
- 教師が招集。

臨時議会

- 必要が生じる都度に招集。
- 授業中に授業をいったん中止して行う。
- 短時間で問題点だけを処理して終わり、授業に戻る。

「クラス議会」をする

通常議会は、最初は教師が議長になります。子どもたちがクラス議会の意義を理解し、ディスカッションの方法や議長の役割に慣れれば、子どもに議長をまかせます。できるだけ多くの子どもに議長を体験してもらうほうが教育的です。

ただし、クラス全員に機械的に当番制で割り当てるのはよくありません。なぜなら子どもたちには、すべてのことに「ノー」と言う権利があるからです。

子どもが議長をしている時は、会議の運営は、原則として議長にまかせます。話題がテーマからそれたら「話題がテーマからそれているように私は思うのですが」、非建設的な意見が出されたら「どうすればその問題がうまく解決できるか、みんなに意見を求めてはどうですか」と、議長に向かってアドバイスします。

議長の他に、ひとりないしふたりの書記も必要です。これもはじめは教師が兼任しますが、要領がわかってくれば子どもたちにまかせます。

通常議会のテーマは、いつでも次頁の四つです。通常会議が始まる前に黒板に書いておきます。最初に①を発表するのは、無駄のように見えて、実はとても大切です。子どもたちがいつも、自分と他者の肯定的な側面に気がつける援助になりますし、本格的なディスカッションのウォーミングアップになります。

時間は、四つの議題全部で三〇分とすると、各議題ごとに平均約八分なので、能率よく議事を進行しなければなりません。議長は、議題ごとに発言を募り、書記が、各議題の見出しのそばに出てきた意見の要点を書きます。そうすれば、それまでの意見が一目で見渡せ、いつでも簡単に要約できます。

ディスカッションのやり方については、次頁の四つのルールを徹底させます。これが適切なディスカッションの方法で、四つの長所があります。

臨時議会を行うには、あらかじめ通常議会で、臨時議会招集の手続きを決めておきます。それは、教師であれ生徒であれ、臨時議会を開催する必要を感じた人は、発言を求めてクラス全体にテーマを説明して、臨時議会の開催を求めるという手続きです。教師は、ただちに採決をとり、開催が承認されれば臨時議会の開会を告げます。否決の場合は、その授業時間内は再提案できないことにします。

一目でバッチリ！ 通常議会のやり方

通常議会のテーマ

①この1週間にあった、よいできごと。
②この1週間にあった、困ったできごと。
③次の1週間で、試してみたい改善策。
④ルールとして決めておいたほうがよいと思うこと。

ディスカッションのルール

①思いついたことは、どんなことでもどしどし発言する。
②他の人の発言はよく聞く。
③他の人の意見を批判してはいけない。もし反対なら「それは違う」と言わないで、代わりの案を出して、「私はこう思う」と言う。
④結論を先に言い、理由は後で言う。「私はこう考えます。なぜなら～」と言うようにする。

4つのメリット

1 **子どもたちが、建設的な意見を発見できるように援助します。**「なぜこうなったのか？」という意見ではなく、「どうすれば問題を協力して解決できるか？」という意見を導けます。

2 **子どもたちに、建設的なディスカッションを学ぶ機会を提供します。**感情的にならずに相手の意見を聞け、合意点を探したり、両意見を合わせた第三の意見を発見できるようになります。

3 **同意にいたらず多数決をとる際も、感情的な対立が残りません。**意見の一致が得られない時は、論敵を沈黙させるのではなく自分の意見をアピールし多数の賛同を得る大切さを学びます。

4 **消極的な子どもたちにも、発言をする勇気を与えます。**他の人の意見を批判してはいけないというルールがあるので、自分の意見にたいして批判される心配をせずに発言できます。

民主的なルールを作る

クラス議会を、正しく行うためには、民主的なルールがどんなものであるかを理解しなければなりません。

クラス議会は、特定の子どもについてではなく、クラス全員にかかわりのある問題に焦点を当てます。可能なかぎり早く、できれば学校が始まった最初の日にでも第一回のクラス議会を開催してください。

第一回のクラス議会のテーマは、教室の飾りつけや、一週間の活動計画などについてがよいでしょう。最初から、クラスのルールを作ろうとしないほうがよいです。ルールは、はじめはゼロベースでスタートして、必要が生じるたびに作ってゆくものなのです。

クラス議会の一番の機能は、クラスのルールを作ることです。作る前に、ルールとは何であるかを、きちんと定義しておく必要があります。ルールには、『役割ルール』

と『禁止ルール』があります。詳しくは、次頁にまとめました。

役割ルールについては、現状でもそれほど問題がないように思います。問題は、禁止ルールのほうです。何でもかんでもルールで禁止すれば、それでよいと思い込んではいけません。

たとえば、「忘れ物をしてはいけない」というようなことを禁止ルールとして決めるのは、好ましくありません。これは、クラス全員で取り組むべき課題ではなく、個人で解決すべき課題です。それを集団の力で強制するのは、民主的ではありません。もし必要なら、ルールではなく、「忘れ物をしないようにしよう」というキャンペーンとして扱うとよいでしょう。

「タバコを吸わないように」というのも、キャンペーンとしてだけ可能です。喫煙は個人には破壊的ですが、共同体に対する破壊活動ではないからです。しかも国法に対する違反行為は、処遇権のある国の機関にゆだねるのが正論です。

このようにルールは、それが正しいのか、必要なのかよく考えて作らなければなりません。ルールの数を増やしても、何もよいことは起こりません。特に禁止ルールは、最小限にとどめるべきなのです。

一目でバッチリ! ルールの定義

クラス議会とルール

クラス議会は、クラスのルール（役割ルールと禁止ルール）を作ることが一番大きな機能です。ルールが議決されたら、必要な時にいつでも見ることができるように、掲示板などに書いておきます。

ルール

クラスの中に秩序を確立するための取り決め事項で、ある程度の強制力を伴うものです。

役割ルール

- 役割の分担についての取り決め。
- 当番についての約束ごとなど。
- 行政法に相当。

禁止ルール

- 不適切な行動の禁止についての取り決め。
- 刑法に相当。

POINT

❶不適切な行動、すなわち共同体にたいして破壊的な行動についてだけしか作ってはいけない。
❷学校外の生活については、作ってはいけない。

ルールに違反した子どもの対処

子どもがルール違反した時には、ルールに則《のっと》って処遇します。ルールにあらかじめ違反者のとるべき責任が定めてあれば、教師はそれに従って行動します。

ここで、一つ例をあげます。あるクラス議会で、「窓のそばでボール遊びをしない」というルールが決まりました。でも、A君は窓のそばでボール遊びをし、窓ガラスを割ってしまいました。さて、あなたが担任だったらどうしますか？

「お説教する」というのは、当然落第です。「A君に責任をとってもらう」というのが正解です。ところで、どう責任をとってもらいますか？「罰に一カ月間ボール遊びを禁止する」というのは落第。なぜなら決められているのは、「窓のそばでボール遊びをしない」というルールだけで、「窓のそばでボール遊びをしてガラスを割ったら、一カ月間ボール遊びを禁止する」というルールはないのです。それなのに教師が勝手に処遇を決めるのは、社会的結末ではありません。

運営1

もしそれがよいと思うなら、次の時間に臨時議会を開き、「窓を割った人は、一カ月間ボール遊びを禁止」と、ルールに罰則規定を追加してもらう必要があります。でもこのルールは事件後にできたので、A君の事件には効力がありません。

ところで、責任をとることと罰則は違います。わかりやすいように例にあげましたが、「窓を割った人は、一カ月間ボール遊びを禁止」というのは罰則で、ルールとしては問題です。「窓ガラスを割った人は、自分ひとりで後始末する」というのなら、違反事実と処遇の論理的関係を理解できるから罰則ではありません。

ルールと別に、心理学的なアプローチとしてA君に「この責任をどうとるのか？」と問い、同じ過ちを繰り返さない工夫と、クラス全員の感情処理として謝罪してもらいます。これはルールに決めません。法的なアプローチはクラス全体を対象としたものので、個々の問題児への対処は別の方法が必要なのです。

違反者がとるべき責任がルールにない時には、社会的結末を体験してもらえません。最初から作っておくべきだと言われるかもしれませんが、それは「子どもはきっと違反する」と信じていて、子どもへの信頼が足りません。違反についての取り決めは、違反者が出てから必要に応じて追加されるべきなのです。

一目でバッチリ! ルール違反の対処

ルール違反

たとえば、子どもが「授業中に騒いではいけない」というルールに違反した場合。

とるべき責任が定めてある場合

●ルール

授業中に騒いではいけない。もし騒いだら、ただちに教室から外へ出る。

●目的

子どもに社会的結末を引き受けてもらうことで、罰することではない。

外へ出ていって
いただけますか?
静かに聞く決心ができたら、
いつでも帰ってきてください。

POINT

❶感情的にならない。
❷事務的に処理する。

とるべき責任の取り決めがない場合

ルール違反者にたいして、社会的結末の方法では対処できません。

●対策

その場で臨時クラス議会の招集を要請するか、次のクラス議会の時に問題提起し、違反者がとるべき責任を取り決めてもらう。

POINT

❶すでにルール違反をした子に、ここで決まった処遇はできない。

✣ 厳しい罰則がよくない3つの理由 ✣

1 民主的な手続きを経て合意されても、罰は罰です。罰はあらゆる副作用を持っています。子どもたちは、罰への恐怖心からルールを守るようになります。

2 少数の子がルールを守らないからといって、全員に不信感を抱くのはよくありません。違反はまれで、あっても適切に処理すれば繰り返されません。

3 ルール違反の常習者は、心理的な問題を抱えた子どもであり、その子にたいしては法的アプローチよりも、むしろ心理学的アプローチが必要です。

効果的なディスカッションの体験学習

子どもたちがクラス議会において、よりよいディスカッションができるように、この体験学習を活用してください。

- 時　間…30～40分
- 人　数…10人程度の小グループ
  （クラス全員で行うこともできますが、希望者を募って10人程度が効果的）
- 座り方…輪になって座る
  （残りの子どもたちには見学してもらい、あとで感想を聞く）

1 目的とルールを説明する

●意見を募る

これから話しあいのやり方について練習したいと思います。

よい話しあいをするためには自分が発言することも大切ですが、他の人たちが発言したくなるようにお手伝いすることも大切です。

そのためにどうすればよいか考えて、よい考えがあれば教えてください。

よい意見 → **認める**

「それはよい考えだと思います」

よい意見でない → **勇気づける**

「ありがとう」

●ルールを黒板に書いて説明

ここでは
次のルールを守って、
話しあいをしましょう！

◆ルール◆

①他の人が発言している時は、その人のほうを見ましょう。

②発言する時は、ひとつ前に発言した人の意見を簡単にまとめて言ってから、次に自分の意見を言いましょう。

例)「○○さんの意見はこういうことですね。私の意見はこうです」

③相手の意見に反対の時は、「それは正しくない」と批判してはいけません。相手の意見をまとめてから、反対の理由を言いましょう。

例)「○○さんの意見はこういうことですね。でも私は反対です。それは、こう考えるからです」

〔10歳以上の子どもたちの場合に追加〕

④最初に結論を言い、次に理由を述べて、最後にもう一度結論をまとめて言いましょう。

例)「私の意見はこうです。それはこういう理由があるからです。ですから私はこう考えます」

＊子どもたちの中からもっと重要なアイデアが出れば、ルールに追加してください。

≪ねらい≫

ルール1、2、3

→相手の意見をよく聞く姿勢を育てることと、感情的にならず相手を批判せずに自分の意見を主張できるようになること。

ルール4

→論理的な考え方と言い方を学ぶこと。

運営1

2 ディスカッションを始める

子どもたちに身近で、意見が分かれ、しかも深刻にならない話題を選びます。たとえば、次のようなものがよいでしょう。

- 犬と猫はどちらがかわいいか
- 夏と冬とではどちらが好きか
- 本の字は縦書きがよいか横書きがよいか

司会 → 教師がします。

＊あまりディスカッションの進行には介入せず、コミュニケーションのやり方を観察します。
＊ルール違反があれば、やさしく注意します。
＊初期の段階では、ルール1と2を守れるように援助します。

やり方

①あらかじめどちらかの立場に態度決定してもらう。
②誰かから切り出してもらい、フリー・ディスカッションに入る。

3 ルールを追加する

しばらくすると、おそらくふたりの子どもの間にやりとりが集中して、残りは聞き役にまわってしまうことが起こると思われます。

ふたりの子どもの間で2、3回話が往復したところで、一度ディスカッションを打ち切ってください。

そして、次のように問いかけて意見を募り、ルールを追加します。

よい話しあいができるためには、全員が参加したくなるように、ひとりひとりが協力しなければなりません。

今見ていると、ふたりだけが発言することが何度か続きました。このまま続けてゆくと、ふたりだけが話し続けて他の人は聞き役にまわってしまいそうですね。そうならないためにはどうすればよいでしょう？

多くの人に発言してもらうために、次の点に注意してみましょう。

◆ルール◆

⑤相手の意見をまとめて言っている間は、相手の目を見ましょう。続いて自分の意見を言う時には、相手の目を見ないで、他の人たちの目を順に見ながら話しましょう。

⑥発言の最後に、次に発言してもらいたい人の目を見て話し終わりましょう。

≪ねらい≫

ルール5、6

→自分の意見を主張する時には、サーチライトのように全員に向かって視線を動かしながら話すことを学んでもらう。これにより、全員の参加意欲は大幅に改善され、発言者の説得力も向上する。

→発言の最後に視線を向けられた人が、続いて発言したくなるようにしむけ、ボディ・ランゲージの効果を体験してもらう。

4 立場を逆転する

10歳以上の子どもたちの場合のみ、ある程度ディスカッションが進んだところで、立場を逆転してもらいます。

例

「犬と猫はどちらがかわいいか」というテーマでディスカッションをしていた時、犬派だった人は猫派に、猫派だった人は犬派になってもらい、短時間ディスカッションを継続する。

≪ねらい≫

→ 相手の立場や論理が理解できるように援助すること。
→ 意見と事実の区別ができるように援助すること。

5 感想を交換する

参加していた子どもたちだけでなく、見学していた子どもたちがどう感じたかも大切にします。

やり方

①見学者も含めて感想を交換する。
②ここで学んだことを普段の話しあいでも生かすように勇気づけて、セッションを終わる。

運営 2

6章

相互に援助しあう環境を作る

問題を抱えた子の援助のために、クラス全員の共通の課題とするオープン・カウンセリングを実施します。効果的に行うために、教師であるあなたが基本的な考え方を身につけましょう！

問題を抱えた子の援助をクラスの共同課題に

クラスの集会は二つに大きく大別できますが、その中のクラス議会については5章で説明しました。この章では、オープン・カウンセリングについてお話ししていきたいと思います。

最近、カウンセリングを学ぶ教師が増えてきたのは喜ばしいことです。しかし残念ながら、個人カウンセリングの技法しか身につけていないことが多いようです。個人カウンセリングには様々な長所もありますが、いくつかの危険が潜在しています。

たとえば、個人カウンセリングを受けている子は、教師と特別のつながりを持つ特権があると思い込むことがよくあります。逆に他の子は、その子の特権に嫉妬するようになるかもしれません。また熱心な教師ほど、問題を抱えた子どもに同情してしまい、クラスの他の子どもたちを加害者だと決めてしまいがちです。このようなことが起こると、クラスは崩壊してしまいます。

私たちは、個別カウンセリングとオープン・カウンセリングの二つを総合したやり方をお勧めします。

問題を抱えた子どもと個別に話しあうことも大切ですが、その子をどう援助するかについてクラス全体に協力を要請することも大切です。すなわち、個別の相談をクラス全員に傍聴してもらうのです。問題のある子どもと事前に個別に相談しておいて、問題点があきらかになったところで、「そのことについて、クラスのみんなに話して知恵を借りてもいいですか？」と尋ねます。その子が了解してくれれば、その子の課題をクラスの共同の課題にするための手続きを踏みます。「彼（彼女）を援助するために君たちの助けが欲しいのだけれど、協力してくれますか？」と問いかけるのです。このやり方が、オープン・カウンセリングです。特別な時間を設定してもかまいませんが、緊急の必要があれば、一時的に授業を中断して数分ないし十数分間、小さなオープン・カウンセリングを実施することも可能です。

オープン・カウンセリングなどと言うといかめしそうですが、そう堅苦しく考えないでください。あなたが日常のクラスルーム・マネージメント活動をほんの少し手直しすれば、立派なオープン・カウンセリングになります。その点では、クラスの外に特別の機会を設けて行う個人カウンセリングよりも、はるかに学校現場に向いていると言えます。

オープン・カウンセリングには、様々な長所があります。最大の長所は、問題が共有され、クラス内に相互扶助の雰囲気が作り出せることです。子どもたちは教師のやり方を見て、他者を援助するにはどうすればよいかを学びとります。そして、効果的にお互い同士を援助しあうようになります。

また、子どもたちからのアイデアが役に立つこともしばしばあります。教師がひとりで考えるよりは、クラス全員の頭脳を総動員するほうが、よい考えがわくに決まっています。さらに、先ほど説明した個別カウンセリングの問題を未然に予防してくれます。

オープン・カウンセリングは、裁判ではなくて、援助のための作戦会議です。この方法を実施するためには、まずあなたが支配的な教師であることをやめなければなりません。問題を抱えた子どもが悪者であることをクラス全員の前で証明しようとするような態度では、成果は望めないのです。また、人数の力をたのんで問題の子どもを説得しようという態度も困ります。論争しようとしているのではなく、問題の子ども

相談の時間

とクラス全員とが協力できる態勢を作り出そうとしていることを忘れてはなりません。

　あきらかにすべきことは、誰が正しくて誰が間違っているかではなくて、どうすれば問題が解決できるかです。「なぜ」を捨てて、「どうすれば」にあなたの頭を切り替えることが、オープン・カウンセリングがうまくいくかどうかのカギになります。

　次頁からオープン・カウンセリングを行うための具体的な方法を紹介していきます。「カウンセリング」という名前にこだわって肩肘をはらないで、気軽にとりかかってみてください。

カウンセリング技法を身につける

カウンセリングは一種の旅です。崖下で苦しんでいる子のところまで下り、どうすれば道まで上がれるかを、一緒に工夫してはい登る旅がカウンセリングです。教師は、この旅の添乗員です。ですから旅の目的地、すなわち解決の目標をはっきり定め、それを子どもたちに提示して了解を得る責任があります。実際に実行できないことを子どもに期待せず、現実的な解決目標を決めます。目標は、話しあいの過程で変更してもかまいませんが、絶対に目標を見失ってはいけません。

オープン・カウンセリングをうまく行うためには、その基本的な考え方を理解しておくと同時に、言葉遣いをはじめとするカウンセリング技法についてもいくらかの知識を持ち、トレーニングして身につけておく必要があります。

まず、話し方については、できるだけ疑問文を使って話してください。このことには様々な意味がありますので、次頁で説明します。

もう一つ注意したいのは、『事実』と『意見』との区別です。人間は単なる主観的意見にすぎないものを、「君の言うことは間違っている」というように、あたかも絶対の事実であるかのように主張する傾向があります。もしそう言いたいなら、「君の言うことは間違っていると私は思う」と言うべきです。これを私たちは、『意見言葉』と呼んでいます。こう話せば、子どもは押さえつけられたとは感じず、感情的に反発せずにあなたの意見を参考として利用できます。

話すことよりもはるかに大切なのが、聞くことです。子どもの言うことが、事実であるか意見であるかをたえず区別してください。主観的な意見をあたかも事実のように主張していたら、「君はそう考えるんだね」と意見であることを指摘して尊重します。あなたの意見を言いたいなら、「君はそう考えるんだね。私の意見は……」というように言います。

もし不幸にしてあなたが間違っていることが証明されたら、素直にそれを認めてください。この場合は「ごめんなさい」ではなく、「私の間違いを教えてくれてありがとう」と言うほうがよいでしょう。自分もまた過ちを犯す不完全な人間であることを、子どもたちに認める勇気を持ってください。

一目でバッチリ！

話し方の技法

疑問文

閉じた質問

●特徴

断定的な言い方で、「はい」「いいえ」で答えられるような質問。

●使う時

自分の考えを伝えるために、普通文ではなく閉じた質問を使う。

ex.「君は腹を立てたんですか？」

開いた質問

●特徴

「どうすれば」というような、疑問詞を使った質問。

●使う時

断定的な言い方を避け、課題解決を勇気づける時に使う。

ex.「どうすれば、遅刻しないですむだろうか？」

疑問文で語る3つの効用

1 **自分の考えを押しつけることを、予防できます。**「こうするのはどうかな？」と言えば、子どもは押しつけられたと感じることがなく、「ノー」を言うこともできます。

2 **子どもたちが自ら考えることへの勇気づけになります。**あなたが子どもたちに正しく問うことができれば、子どもたちはおのずと答えを見つけ出します。

3 **正しい問いが何であるかを、子どもたちに伝えることができます。**「私に今できることは何か？」と各人が自分に問いかけることが、唯一の正しい問いです。

身につけたい「意見言葉」

あなたの意見を言うのは自由ですし、またよいことですが、いつでもそれが意見であることをはっきりさせながら言ってください。

◆「○○と私は思います」

◆「これは私の意見にすぎないのだけれど」

子どもが展開している作戦の種類を診断する

オープン・カウンセリングの中では、不適切な行動を診断し、子どもに知らせることがどうしても必要になります。ここでは、そのやり方をマスターしていただきたいと思います。

子どもが不適切な行動をする時に、45頁で説明した「子どもの5つの作戦」（①賞賛を求める、②注目を引く、③権力闘争をしかける、④復讐する、⑤無能力を誇示する）のどれにもとづいているのかを理解するのはとても重要なことです。これを理解していないと対策の立てようがないのです。

また、子どもが展開している作戦を理解することは、教師だけではなく不適切な行動をしている子ども自身にとっても大切なことです。

自分が手に入れようとしているものが本当は何なのかを知れば、子どもは「何もこんな不便なやり方をしないで、もっと適切な方法でそれを手に入れよう」と考えて、同じ目的に向かって、より適切な行動をするようになることもあります。ある場合には、「こんなばかげたことのために行動していたのか」と考えて、不適切な行動の目的そのものを放棄することもあります。

実際、不適切な行動の目的を正しく診断して子どもに伝えると、子どもは適切に行動するようになります。隠された動機があからさまにされてしまっては、同じ行動を続けるわけにはゆかなくなるのです。

診断法は、大きく分けて二つあります。

第一の方法は、子どもの行動に対するあなた自身の感情をバロメーターにして、子どもが展開している作戦の種類を診断する方法です。

第二の方法は、言いまわしや声の調子に気をつけて、子ども自身に尋ねてみることです。診断の手がかりになるのは、子どもの言葉による反応よりも、むしろ『認識反射』という身体の反応です。人間は、自分でもはっきり認識していなかったことが意識された時、認識反射を出します。ある場合にはうなずきやまばたきが、またある場合にはブラブラしていた脚が急に静止することが、子どもの答えです。

診断の具体的な方法は、次頁にまとめましたので、ぜひマスターしてください。

一目でバッチリ! 5つの作戦の診断法

診断1 子どもの行動に対するあなたの感情

下の表の右の欄の中で、あなたの気持ちとピッタリの欄が子どもの作戦です。

作戦1 賞賛	ほめたくなるが、少々うんざりする。
作戦2 注目	煩わしくなるが、腹は立たない。
作戦3 権力闘争	はっきりと怒りの感情を持つようになる。
作戦4 復讐	傷つけられて暗い気持ちで、憂鬱になる。
作戦5 無能力の誇示	あきらめて、絶望して見捨ててしまう。

診断2 子ども自身に尋ねてみる

聞き方のPOINT

❶閉じた質問を使いながら、冷静に陰性感情を込めないで温かく尋ねる。
❷「ひょっとして」「もしかしたら」という言葉をはさんで、言いまわしをやわらかくする。
❸身体のどの部分に反応が出るかわからないので、全身が観察できるような状態で問いかける。

認識反射を見分けるPOINT

❶知っている内容の「イエス」であれば、普通に見られるうなずきやほほえみなどの反応。
❷言われて初めて気がついた内容であれば、年齢が低いほど大きな反応が出る。小学生では、椅子から飛び上がって、凍りついたように静止してしまうこともある。

◆ 診断に自信がない時の尋ね方 ◆

下の問いを、1つずつ、ゆっくりとした口調で尋ねます。認識反射が出れば、それが子どもの展開している作戦です。2つ以上の質問に認識反射が出た時は、より進んだほうが答えです。

1 あなたはひょっとして、ほめられたいのでそうしているのですか?
2 それともひょっとして、目立ちたいからそうしているのですか?
3 それともひょっとして、自分が強いことをわからせたくてそうしているのですか?
4 それともひょっとして、仕返ししたくてそうしているのですか?
5 それともひょっとして、一切かまわれたくないからそうしているのですか?

定期的に相談の時間を作る

クラス議会に通常議会があったように、オープン・カウンセリングの時間も定期的に設定することをお勧めします。その場合には、『相談の時間』や『相談会』と呼んでおくとよいでしょう。

カウンセリングと聞くと萎縮する子どももいるでしょうから、オープン・カウンセリングという呼び名を教える必要はまったくありません。オープン・カウンセリングという呼び名は、われわれの間だけのことにしておきましょう。

定期的に相談の時間を作ることを勧めるのには、理由があります。問題が起こった時に臨機応変にオープン・カウンセリングに入る場合には、ときに高度なカウンセリング・テクニックが要求されることが多くなるからです。それは、問題意識を持っているのが教師であって、子どもではないからです。そんな場合には、子どもは相談を希望しているわけではないので、聞く耳を持っていないかもしれません。そのために、対話が成立しないこともよくあります。

一方、定期的に開催される相談の時間の場合には、一般にまったく単純な技法しか必要ではありません。それは、相談の時間にカウンセリングを受ける子どもは、自ら相談を希望しているので、対話が成り立つことが最初から保証されています。しかもテーマも、勉強のやり方や友だち関係の悩みなど、教師が客観的でいられる話題が普通ですから扱いやすいのです。

相談の時間を設ける場合には、あらかじめ予約をとるか、その場で「誰か私に相談したい人はいませんか？ どんなことでもかまいません」と呼びかけて希望者を募ります。はじめは希望者は少ないかもしれませんが、慣れてくれば希望者殺到になります。心理的な悩みだけでなく、どんな内容の相談にも乗ります。

どのような相談であれ、教師だけで答えを出してしまわないで、クラスに問いかけましょう。相談してきた子どもの援助のためだけではなく、これがクラスの協力関係を作るための絶好のチャンスであることを忘れないでください。

相談の時間には、守っていただきたいいくつかの決まりがあります。次頁にまとめたので、心に留めておいてください。

一目でバッチリ！ 相談の時間の特徴

クラスの集会

クラス全体の運営にかかわる会議。

問題を抱えた個人を、クラス全員で援助するための会議。

クラス議会

- 通常議会
- 臨時議会

オープン・カウンセリング

- 問題が起こった時に臨機応変に行う。
- 定期的に行う。

相談の時間

●イニシアティブ

子どもたちが主体となるクラス議会と違い、カウンセリングなので教師がイニシアティブをとる。

●目的

問題を抱えた個人の援助。

●注意すること

クラス議会と明確に区別するようにする。同じホームルームの時間を2つに分けてクラス議会と相談の時間を行う場合は、クラス議会を先にして、閉会手続きをとってから相談の時間に入る。

他の子を非難する内容の相談の3つの注意点

1 対決させて裁判をしない。子どもたちに和解を勧めるのは、よいことです。しかし、対決させてしまったら、クラスはバラバラになってしまいます。

2 どちらか一方の味方をしないで、中立を保つ。一方に同情して肩入れしたら、子どもたちは、あなたをめぐって5つの作戦のどれかを展開してしまいます。

3 人民裁判をさせないこと。クラスの子どもたちに仲裁を頼むのはよいことです。でも「どちらが悪者か？」を、子どもたちに決めさせては絶対にいけません。

誰の責任で解決すべき課題であるかを考える

人間は、自分の課題を自分ひとりだけで解決できるとはかぎりません。教師が適切な授業をし、適切なクラスルーム・マネージメントをするためには、子どもたちの協力が不可欠です。それと同じように、子どもたちが適切に行動できるためには、あなたがた教師とクラスメートの温かい協力が不可欠です。

とはいえ、どんな場合に教師は子どもたちの課題の解決に協力すべきか、その見定めが大切です。多くの教師は、子どもたちが自力で解決すべき子どもたち固有の課題を、何でもかんでも片っ端から教師の課題だと誤解して抱え込んでいます。これは協力ではなくて、過保護であり過干渉であるにすぎません。教師が手をさしのべてもよいのは、一定の条件をみたす共同の課題についてだけです。

ところで、これまで何度も『不適切な行動』という用語を用いてきました。ある行動が不適切な行動であるかどうかは、ある程度客観的な判断基準にもとづいて区別できます。不適切な行動とは、共同体に実質的な迷惑をかける破壊的な行動です。ですから、世間の常識では悪い行動だと思われていることでも、共同体に迷惑をかけない行動は、不適切な行動ではありません。

では、共同体にたいして破壊的でない行動はすべて適切な行動かというと、そうでもありません。勉強しないのは、本人だけに破壊的な影響がありますから、不適切な行動ではありませんが、適切な行動でもありません。いわば『中性の行動』なのです。勉強しない、忘れ物をする、遅刻する、教室から出ていく、服装違反などがこの中性の行動にあたります。

これらが不適切な行動でないことを理解できれば、あなたがた教師の仕事は激減します。なぜなら不適切な行動でないならば、無理に矯正する必要はなく、場合によっては自然の結末にゆだねておくだけでもよいからです。

一方で子どもたちをたえず勇気づけながら、一方でできるだけ多くのことを自然の結末にゆだねること。自然の結末で解決できない問題だけを、社会的結末や論理的結末を通じて積極的に援助すること。「勇気づけは最大限に、子どもの課題の肩代わりは最小限に」を守って、子どもたちと向きあってください。

一目でバッチリ! 行動区分と共同の課題の条件

共同体に対する影響	自己に対する影響	行動の区分
建設的	建設的	適切
建設的	中立	適切
建設的	破壊的	中性
中立	建設的	適切
中立	中立	中性
中立	破壊的	中性
破壊的	建設的	不適切
破壊的	中立	不適切
破壊的	破壊的	不適切

共同の課題の2つの条件

1 はっきりと言葉を使って、協力を要請されていること。

2 要請された側が、協力することを了承していること。

POINT

❶共同の課題には、教師と個々の子どもの間の課題と、クラス全員の課題の2種類がある。

❷誰かが「これを共同の課題だと考えて欲しい」と提案し、相手が「そうしよう」と了承しなければならない。

ケース別 不適切な行動の対処例

ありふれた問題行動を通して、子どもの不適切な行動に対する典型的な対処例をご紹介します。

ケース1 いわゆる「いじめ」

子ども同士のトラブルの中でも、いじめは、いずれかあるいは両方の当事者にとって、致命的な結果を及ぼすことが予測できるので、自然の結末にゆだねるわけにはゆきません。

きちんと対策を立てましょう。

クラスの中に競争原理がなくなれば、いじめもなくなるのですが、それまでの間の過渡的な時期には対策が必要です。いじめグループといじめられている子にたいして、直接にアプローチすることはお勧めできません。

クラスの構造に問題があることを理解させ、子どもたちでルール化を進めるよう導きましょう。

対策

★クラス議会でとりあげるよう働きかける

いじめは他者にたいして破壊的な影響を及ぼす行動であることをはっきりさせて、ルールを作って禁止することを討議してもらいます。子どもたちがみずからルールを作ることが必要です。

発言例

「いじめがあるということを聞きましたが、困っています。というのは、それは他の人にたいして迷惑をかける行動だからです。どうすればよいでしょうか？」

★オープン・カウンセリングを使う

いじめグループやいじめられている子に問題があるのではなく、見て見ぬふりをするクラスの構造に問題があることをはっきりさせます。「なぜそんなことをするのか？」が問題ではなく、何ができるかに焦点を当てます。

発言例

「もしいじめを見たら、君たちは何をすることができるかな？」

ケース2

注目を引こうとする子ども

小5のA君は、ふざけてばかりで、教師の出した課題にことごとく反抗します。作文を書くように言うと、原稿用紙に漫画を描きます。

授業中に紙飛行機を投げつけられた時には、さすがに教師も怒ってしまいましたが、ペロッと舌を出す恐れ入り方がかわいいので、本気で腹は立ちませんでした。

「授業中は静かにしていてくれませんか?」とお願い口調を使ってみても、一向に効果がありません。

こういった行動は、あらゆる年齢に見られます。まずは、子どもの展開している作戦を診断しますが、教師の感情から考えると、典型的な作戦2(注目)です。A君のいたずらに注目を与えないことが、対策の中心です。

ですから、クラス全員にたいして、不適切な行動には注目せず、適切な行動を見つけて勇気づけるという方針を確立します。その上でなら、A君の漫画でいっぱいの原稿用紙に少し書かれている文字に「ていねいな字を書くんだね」と言っても安全です。

その後、他者との協力と他者への貢献を通じて共同体に所属するという新しい対策を教えます。まずは、クラス全員にたいして、得意分野でクラスに貢献できるよう工夫します。A君にもたとえば、「ブロック塀にみんなで壁画を描くのだけれど、リーダーをやってくれるかな」と、クラス全体に対する建設的な貢献でクラスに所属できるように援助します。

対策

子どもが不適切な行動をする
↓
やめるようにお願いしてみる⇒効果なし
↓
子どもの作戦は?⇒作戦2(注目)
↓
その子の不適切な行動に注目を与えない
↓
クラス全員の適切な行動を勇気づける
↓
その子の適切な行動を勇気づける
↓
クラス全員に協力と貢献の機会を与える
↓
その子に協力と貢献の機会を与える

ケース
3

権力闘争をしかける子ども

小2のB君は、授業中に隣の子にちょっかいを出したり、大きな声を出したりして、クラスの他の子どもたちの勉強の邪魔をします。教師がいくらお願いしてもやめません。

教師はとうとう腹を立て、大声で叱りました。その時だけはおとなしくなるのですが、すぐにまた同じような行動をします。

叱るのは、逆効果です。応急措置にすぎなくても、やめるようにお願いします。診断は、教師が怒りを覚えたので、作戦3（権力闘争）です。争わないで、負けを認めます。

次に、不適切な行動には反応しない、適切な行動を発見して勇気づける、個々の子どもに応じた協力と貢献の機会を工夫します。でも作戦3に入っていたら、これでは問題解決にいたりません。

クラス議会で民主的なルールを作ることで、社会的結末の方法が使えます。民主的なルールは、作戦3で行動している子どもにたいしては、最も有効な対策です。

B君がなお騒ぐなら、オープン・カウンセリングです。「ひょっとして、授業中に騒ぐと先生より強いと感じるのかしら？」と尋ねます。「そんなことをしなくても、先生もクラスのみんなもB君が強いと知っていますよ。あなたは先生に勝ちました。勝ったんだから負けたもののお願いを聞いて、静かにしてください」と言います。これで、うまくいきます。いつでも問題は、どうすればです。

対策

子どもが不適切な行動をする
↓
やめるようにお願いしてみる⇒効果なし
↓
子どもの作戦は？⇒作戦3（権力闘争）
↓
その子の勝ちを認め、不適切な行動に注目を与えない
↓
クラス全員の適切な行動を勇気づける
↓
その子の適切な行動を勇気づける
↓
クラス全員に協力と貢献の機会を与える
↓
その子に協力と貢献の機会を与える
↓
クラス議会を動かしてルールを作る
↓
社会的結末にゆだねる⇒効果なし
↓
オープン・カウンセリング

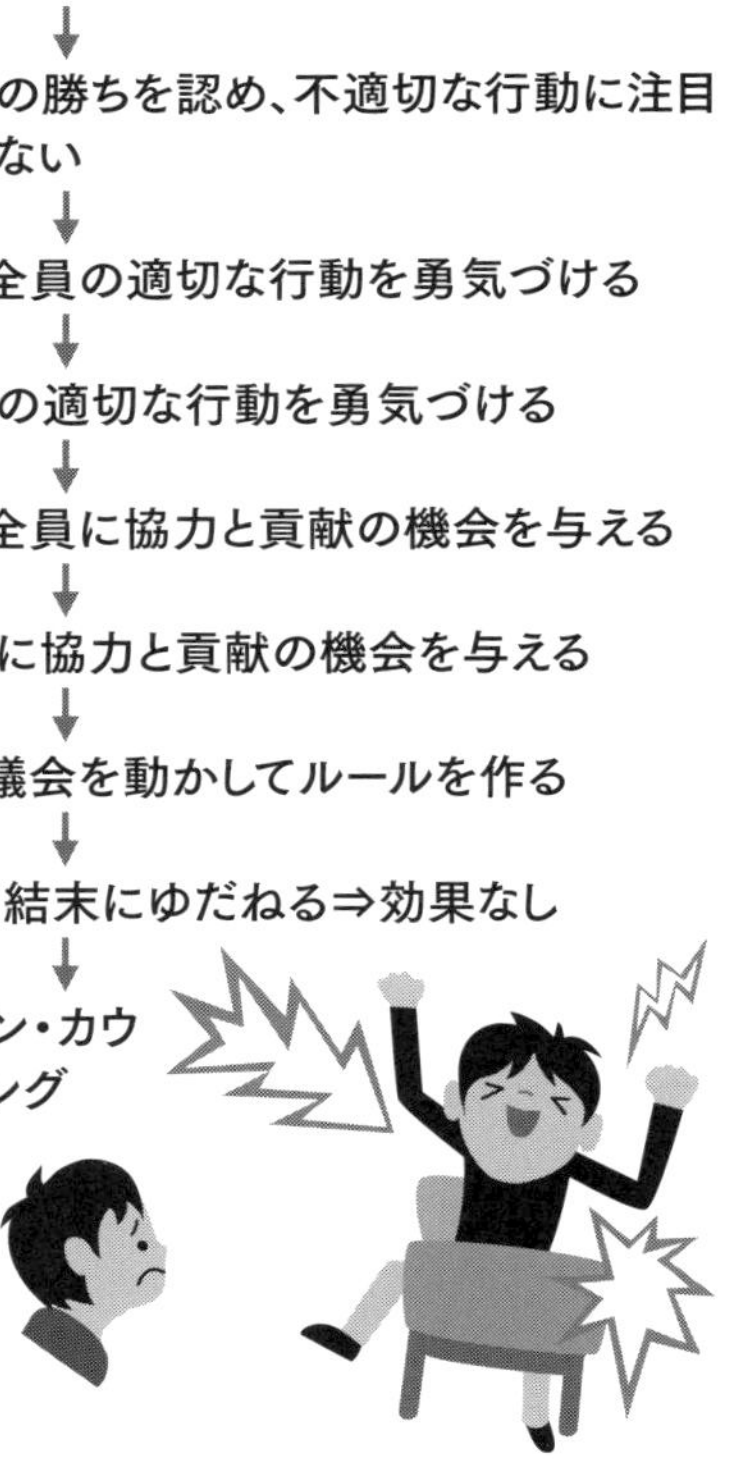

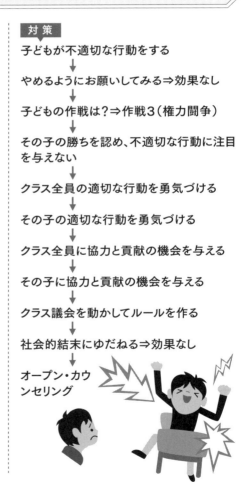

ケース4 無気力な子ども

中2のC子ちゃんは、いつでも窓から外をボーっと眺めています。友達との交渉もほとんどなく、成績も、今では最悪です。

教師は、はじめのうちは熱心に彼女を援助しようとして、個人カウンセリングをしていましたが、何を聞いても下を向き喋らないので嫌気がさし、現在は何もしていません。

これは、あきらかに作戦5(無能力の誇示)です。C子ちゃんは、人生を投げてしまっているのです。多くの勇気を補給してあげないと、動き出せそうにありません。しかも成功を喜ぶことは、勇気づけにはなりません。失敗した時に勇気づけます。

オープン・カウンセリングでクラスの協力を得ることは、このような場合に特に有益です。

話題にすることを本人から了解を取り、「彼女はとても自信をなくしていると私は思います。たいへん傷つき、もしかしたら何をやっても失敗するんだから、はじめからしないでおこうと決心したかもしれません。彼女にどんなことをしてあげられるでしょう?」と投げかけます。

オープン・カウンセリングでは、問題を抱えている子と直接に対話する必要は必ずしもありません。クラス全体が自分の援助について相談していること自体が、とほうもない勇気づけになります。「私はひとりぼっちではない」と彼女が感じてくれれば、それだけで問題は解決し始めています。

対策

無気力な子どもを援助するオープン・カウンセリングの手順

相談を開始することについて子どもの了承をとる

↓

子どもの作戦を明確化する⇒作戦5(無能力の誇示)

↓

子どもの感情を処理するために働きかける

↓

クラスの援助を求める

↓

クラス・ディスカッションで協力者と具体的な援助策を募る

↓

ディスカッションの結論を確認し実行する

ケース 5

落ちつかないクラス

ひとりの子どもだったらまだ何とかなりますが、クラス全体が騒がしくて授業がなかなか始められない、という話をよく聞きます。

このようなケースの、代替案をご紹介します。

これは、クラス全体が教師と作戦3(権力闘争)に入った状態です。ですから、教師が子どもたちにたいして、上から命令するかぎり問題は解決しません。

上から怒る代わりの代替案が3つ考えられます。けれども、これらはどれも代替案で、その場しのぎでしかありません。

よい授業をすることは、あなたの責任です。クラスに横の関係を作りあげることと、子どもたちが聞きたくてたまらなくなるような面白い授業をする努力を教師は忘れてはなりません。

対策

★代替案❶
何も言わないで、そのまま授業に入る

誰も聞いていなくても、かまわず話を進めます。授業を静かに聞くことは、子どもたちの責任です。責任を果たさなければ、損をするのは子どもです。これが自然の結末です。そのことを教えるには、これは有効です。ただし、数分して子どもが静かにならないなら、すぐにやめなければなりません。

★代替案❷
「授業を始めてよくなったら言ってくださいね」とお願いし、教室の後ろに椅子を持っていって座る

本を読んでいても、何をしていてもかまいません。たぶん数分もすると、子どもたちはどうしようか相談し始め、やがて代表者がやってきて、授業をするようにお願いしてくれるでしょう。

★代替案❸
「授業を始めたいと思いますので、静かにしていただけませんか?」と、お願い口調でただ一度だけ言う

声を荒げては効果がありません。比較的小さな声で、全員に聞こえなくてもよいので、前の席の子にだけはっきり聞こえる程度に、おだやかに言います。そして、椅子に腰かけて、子どもたちから目を離さず、子どもたちが静まるまで行動を観察します。興味を持って観察すると、きっとたくさんの発見があります。

おわりに――アドラー心理学はお稽古事です

本書を読んでいただいてありがとうございます。

しかし、「さっそくやってみよう」と思われませんように。元本の『クラスはよみがえる――学校教育に生かすアドラー心理学』（創元社）を出版したとき、たくさんの先生が読んでくださって、ただちに書いてある内容を実行されました。その結果、残念ながら、さまざまの問題が起こりました。

あたりまえだと思います。私たち医者は、新しい治療法について論文を読んだり本を読んだりしたときには、いきなり患者さんにその方法を使うことはせず、まず講習会に出るなり、その方法を開発した先生に会いに行くなりして、実践上のさまざまの「こつ」を十分わかってからとりかかります。

ですから、とりかかるまえに、できれば元本を読んでいただきたいし、さらには私や私の仲間がやっているアドラー心理学の講習会に出ていただくのがいいと思います。

本格的に学びたいという方は、私たちがやっているアドラー心理学の基礎クラスに出てください。左記のホームページを見ていただくと、年間予定表が載っています。

http://adler.cside.com/

とっかかりとしては、「アドラー心理学基礎講座応用編」あるいは「アドラー心理学基礎講座理論編」から勉強を始められるのがいいと思います。学校の話はあまり出てきませんが、まずは基本的な考え方を理解しないと、具体的な技術は学べないからです。その後は、地域に学習会があれば、参加されるといいと思いますし、「特殊講義と演習」という講座にも機会があれば出られるといいと思います。

それと、日本アドラー心理学会にぜひ加入してください。左記のホームページに案内などがあります。「サロン」というページを見ていただくと、どういうことをしているかがおわかりになると思います。学校の先生方もたくさん加入しておられ、相互研鑽に励んでおられます。

http://adler.cside.ne.jp/

さいわい、全国にアドラー心理学にもとづくクラス運営を熱心に実践してくださっている先生がたくさんおられます。そこでは「ほめない叱らない教育」、「勇気づけの教育」を通じて、未来の日本と世界を担う子どもたちが育ってくれていると思います。ぜひその仲間に入られて、よりよい未来を築くお手伝いをしてください。

最初に書きましたように、この本の元になった本は昭和のおわりごろに書かれたのですが、それからずいぶん時間が経ってしまいました。時代に合わなくなった部分もあるようですので、出版社の勧めでリライトしていただいて、図や表をたくさん入れて、新しい体裁で刊行させていただきます。創元社編集部の渡辺明美取締役編集局長には、すっかりお世話になってしまいました。またリライトの労をとっていただいた林　聡子様にも、心からお礼を申し上げます。

野田俊作

【更新情報】

2021年9月より、各種講座を日本アドラー心理学会で主催しています。詳細はホームページ（http://www.adler.cside.ne.jp）に掲載しています。また、https://www.japan-adler-lecture.org/ からも直接アクセス可能です。